Albert Görres

Kennt die Religion den Menschen?

Erfahrungen zwischen Psychologie
und Glauben

R. Piper & Co. Verlag
München Zürich

Von Albert Görres liegt in der
Serie Piper außerdem vor:
Kennt die Psychologie den Menschen? (490)

ISBN 3-492-10318-9
Originalausgabe
3. Auflage, 10.–13. Tausend Juli 1986
© R. Piper & Co. Verlag, München 1983
Umschlag: Disegno
Gesamtherstellung: Clausen & Bosse, Leck
Printed in Germany

Inhalt

Einleitung: Das Bild auf dem Umschlag

Traurig sitzt Anima auf ihrem schönen Weltberg; traurig blickt der Gottessänger mit seiner Zupfgeige an ihr vorbei.

»Was bist du bedrückt, meine Seele?« fragt er. »Und warum verwirrst du mich? Hoffe auf Gott, ich werde ihn noch rühmen, das Heil meines Angesichts und meinen Gott!« (Ps. 42) Offenbar ist der Psalmist über die Frage noch nicht hinausgekommen; kein Lächeln erhellt Animas Blick.

Was wird Anima ihrem so erfolglosen Tröster und Freudenboten wohl antworten? Wie antwortet der Mensch auf die helldunkle Morgendämmerung Gottes, die Religion heißt? Warum bleibt die Seele bedrückt und verwirrt, wenn doch der Tag anbricht und der Morgenstern aufgeht in unseren Herzen?

Sie antwortet: Weder – noch. Ich kann auf Gott nicht hoffen, weil ich ihn nicht der Rühmung wert finde. Er ist nicht »mein« Gott, weil er mich nicht versteht und ich ihn nicht verstehe. Psalmsänger und Seele sehen aneinander vorbei und reden aneinander vorbei, bis es scheint, als sei einer für den anderen nicht mehr der Rede wert.

Das Umschlagbild ist für mich so berührend, weil es auch die schlimmste Situation darstellt, in die Psychotherapie und jedes menschliche Miteinander überhaupt geraten können. Arzt und Patient, Mensch und Mitmensch sehen einander nicht mehr und verstehen einander nicht mehr. Von solchen Erfahrungen her scheint es mir, daß der Mensch nichts so sehr ersehnt oder doch nötig hat, als verstanden zu werden, unter wenigem so leidet wie unter Unverstandenbleiben und Mißverstandenwerden. Sogar das Geliebtwerden und Lieben freut uns bald nicht mehr, wenn Verstehen fehlt. Die Ausgangsfrage »Kennt die Religion den Menschen?« bedeutet eigentlich: Versteht die Religion den Menschen, versteht Gott uns, die wir Ihn nicht verstehen, den Unerforschlichen?

Die Mehrzahl meiner Patienten, vielleicht die Mehrzahl aller Menschen würde heute spontan antworten: Aber gewiß nicht! Und wenn der Gott, der vielleicht ganz anders ist, als ihn die Religionen und Theologien beschreiben, mich doch versteht – das wäre gerade noch zu hoffen –, so kennt doch die Religion, das Christentum, die Kirche den Menschen ganz gewiß nicht.

Diese oft verborgene Gefühlsmeinung ruft einen ähnlichen Trotz hervor wie den Pubertätstrotz unverstandener Jugendlicher: Wenn die Eltern mich nicht verstehen, will ich auch nichts mehr von ihnen wissen. Gott ist nicht wissenswert, nicht beachtenswert und uninteressant, weil er am Ende doch unverständlich und unverständig ist wie die Eltern.

Die Geschichte des Mißverhältnisses von Mensch und Religion ist eine Geschichte des Mißverstehens. Christen mißverstehen ihren Glauben, sie mißverstehen die nichtchristlichen Religionen. Sie werden selbst mehr mißverstanden als verstanden. Aber auch die Kritiker der Religionen verstehen nicht, was sie kritisieren. Alles geht mit allem verquer.

Der Verdacht, Religion kenne den Menschen nicht, nährt sich aus vielen Quellen. Er fragt:

Wie kann ein Gott, der ein Herzenskenner ist, der schwachen Urteilskraft des Menschen einen Irrgarten von religiösen Lehren zumuten?

Wie kann er ihm, dem in Unsicherheit Schwebenden, die unmögliche Aufgabe der Glaubensgewißheit stellen?

Wie kann Gott uns trostlose Autoritäten und Institutionen zumuten, dumme Eltern und kalte Ungeheuer wie Staat und Kirche?

Wie kann der Herzenskenner dem modernen Menschen und seiner Rationalität zumuten, sich auf Wunderlegenden einzulassen und diese gar als Weg zum Heil anzuerkennen?

Wie kann das Christentum den Menschen verstehen, wenn es seine Sexualität mißdeutet?

Wie kann Religion den Menschen verstehen, wenn sie nicht das Übel in der Welt erklärt? Zeigt nicht der »Heilsweg« der Neuzeit, der Religion und Glauben zunächst ganz aus dem Spiel läßt und an ihnen vorbei da beginnt, wo wir uns tatsächlich befinden, in der letzten Ungewißheit, zeigt nicht dieser Heilsweg des Descartes ein weit genaueres Verständnis des Menschen als alle Religionen?

Können wir es ändern? Woher der Übermut, der ein besseres Verstehen für sich in Anspruch nimmt?

Auch wer kein Fortschrittsgläubiger ist, wird zugeben müssen, daß unser Jahrhundert im Verständnis von Religion, in der Geschichte, Psychologie, Phänomenologie, Philosophie, in der Gesamtkenntnis der Weltreligionen große Fortschritte gemacht hat; ganz sicher hat das Verständnis der Christen für den eigenen Glauben und für die nichtchristlichen Religionen nicht nur erheblich zugenommen, sondern sich ins Positive gewendet. Das intensive Bemühen um Verstehen, das seit Newman, Dilthey, Wundt, James, Blondel, Freud, Weber und Jaspers[1] die Psychologie durchdringt, hat im religiösen Bereich noch weithin unbekannte, aber reiche, schöne und nahrhafte Früchte getragen.

In der Philosophie und Theologie hat ein neues Verstehen das Christliche für uns um vieles zugänglicher gemacht als es Generationen vor uns war. Nicht zuletzt und nicht zuerst hat die Tiefenpsychologie das Selbstverständnis der Christenheit verändert. Auch Sigmund Freud und seine Nachfolger waren zugegen auf vielen evangelischen Synoden und auf dem Zweiten Vatikanischen Konzil. Sie sind zugegen auf allen Kanzeln, nicht immer zum Nachteil, nicht immer zum Vorteil der Prediger und ihrer Zuhörer – immer zur Veränderung, oft zur Vertiefung des Bewußtseins und des Unbewußten.

Die folgenden Überlegungen möchten zeigen,

daß es ein den großen Religionen gemeinsames Verstehen des Menschen gibt, einen anthropologischen Konsens in aller Verschiedenheit;

daß wir aus einer einmütigen Menschenkenntnis der Religionen uns und die Religionen besser verstehen können;

daß dieses Verstehen von Religion die Einzigartigkeit des Christentums nicht relativistisch verwischt, sondern eben diese Einzigkeit deutlicher sichtbar macht und besser zu verstehen hilft.

Dieses kleine Buch versucht, Hindernisse des Verstehens und Verstandenwerdens, Hindernisse der Rühmung von Gott und Welt zu vermindern.

Die Themenauswahl ist durch die eigene Geschichte bedingt. Als Berliner Kind vom Pluralismus in der Wolle gefärbt, ist mir die Frage früh begegnet: Warum gerade Christentum, und dazu noch katholisches, warum nicht oder warum nur »zusätzlich« Buddha, Mohammed, Konfutse?[2]

Bevor wir im Folgenden manche Mühsal des Nachdenkens auf uns nehmen, müßte sich die Frage doch auch mit wenigen Worten beantworten lassen. What is your message, Sir?

Für mich ist Jesus der Fund, die Entdeckung meines Lebens. Ich finde Ihn so glaubwürdig und so liebenswert. Sein Blick trifft mich, sein Wort geht mir nahe. Ich fühle mich von Ihm durchschaut, aber auch rundum verstanden und trotzdem geliebt. Die Menschenfreundlichkeit Gottes in Person bewegt mich.

Manchmal ödet Er mich an, weil Er immer dasselbe sagt. Dann wieder, wenn das Herz wach ist und die Augen weit geöffnet, bin ich betroffen. Ich glaube Ihm aufs Wort. Das ist alles ganz einfach, solange ich nicht aufhöre, täglich mit Ihm umzugehen. Dann vertraue ich Ihm, weil ich Ihn gut kenne. Die Religion kennt den Menschen, Jesus kennt mich und ich kenne Ihn.

»Und ich sprach zu meinem Herzen: laß uns treu zusammenhalten, denn wir kennen uns einander.« Mörike kannte das.

Damit habe ich alles gesagt, was ich zu sagen habe. So ähnlich steht es im ersten Kapitel des Epheserbriefes in der einzigartigen Sprache des Paulus.

Glaubensgewißheit in einer pluralistischen Welt

»Dies wird die genuine religiöse Erfahrung der meisten Menschen im zwanzigsten Jahrhundert sein:

Es ist etwas dran an der Sache mit Gott, aber niemand weiß was.« Mit diesem Satz schließt H. C. Zander seine Biographie der Heiligen Therese von Lisieux in dem Stern-Buch: »Gottes unbequeme Freunde« (Hamburg 1982).

Ich weiß nicht, ob es die Erfahrung der meisten Menschen ist, und ich bin nicht sicher, ob es sich um eine genuine Erfahrung handelt – was immer das sein mag –, aber ich möchte den Satz von Zander aus meiner Erfahrung in der psychotherapeutischen Praxis und im sonstigen Umgang mit Menschen bestätigen und ein wenig umformulieren: Es ist etwas dran an der Weise, wie Religion und wie das Christentum den Menschen versteht; aber wir wissen nicht genau, was.

Auch eine so bescheidene Anerkenntnis steht aber vor dem Hintergrund eines anderen Satzes:

»Alles ist verfechtbar, von der absurdesten These bis zum ungeheuerlichsten Verbrechen« schreibt E. M. Cioran, der radikale Zweifler unter den zeitgenössischen Denkern.[1]

Weil alles verfechtbar ist, wird auch alles verfochten. Kein Unsinn, der nicht seine Advokaten unter Nobelpreisträgern hätte. Aus dieser Situation werden Auswege angeboten. Einmal der Rationalismus. B. Russell schreibt: »Wenn wir unseren Kindern beibringen könnten, nur für wahr zu halten, was bewiesen werden kann – also nicht mehr zu glauben –, dann wären die meisten Übel dieser Welt schon beseitigt.«[2] Der Satz faßt in wenigen Worten das zusammen, was der Menschheit von dem revolutionären Paukenschlag Descartes' noch in den Ohren hallt, den er »Meditationen über die Grundlagen der Philosophie« nannte.

Dieses wichtigste Erbauungsbuch der Neuzeit lebt von der Hoffnung, endlich den festen Boden für ein verantwortliches Denken und Handeln finden zu können, den archimedischen Punkt einer unerschütterlichen Gewißheit, fundamentum inconcussum. Der Weg *zu ihr ist* zu paradox: Es ist der universale methodische Zweifel, von dem Descartes Befreiung von allen Vorurteilen und Irrtümern erhofft; »schließlich aber bewirkt er, daß man an dem, was man alsdann als wahr erkannt hat, niemals wieder zweifeln kann«.

In diesem Jahrhundert haben zwei große Nachfolger des Descartes versucht, das Denken noch besser als er auf unerschütterliche Gewißheiten zu gründen. Beide haben eine Zeitlang geglaubt, es sei ihnen ein für allemal gelungen; beide haben schließlich das Unternehmen als gescheitert betrachtet: Edmund Husserl und Ludwig Wittgenstein.[3] Beide haben auch, wie Biographen berichten, jenes andere Fundament gesucht und vielleicht gefunden, das vor Descartes schon getragen hatte: Die Gewißheit des Glaubens.

Die große Mehrheit jener, die auf Russell oder einen ähnlichen Wissenschaftsrationalismus vertraut hatten, zog sich nach dem Scheitern *dieser* Gewißheitsphilosophie aber resigniert in den Verzicht auf jede Gewißheit zurück. Mit einer eigenartigen Gedankenführung versucht W. Stegmüller einigermaßen verzagt zu zeigen, daß es psychologisch und logisch ebenso unmöglich sei, auf »Evidenz« zu verzichten wie auf Evidenz zu bauen.[4] »Wir stehen nicht, wir schweben.« Immerhin gestattet uns Stegmüller und die auf der ganzen Welt friedlicher gestimmte Wissenschaftstheorie, uns mit begründeten Wahrscheinlichkeiten zu begnügen, und das ist nicht wenig. In dieser Weise darf man sogar wieder glauben.

Das wäre also der zweite, heute beliebte Ausweg etwa auch im Sinne Karl Poppers. Nicht radikale, aber milde, sagen wir, österreichische Skepsis, die nicht viel von Wahrheitsgewißheit, aber viel von Wahrscheinlichkeit, Annäherung an Wahrheit hält. »Approximativ« antwortet Graf Bobby auf die Frage, ob er die Telefonnummer der Freundin kenne.

Dieser humane, verträgliche Probabilismus ist menschlich sympathisch. Viele Christen übernehmen ihn mit Erleichterung, weil er ihnen ermöglicht, auf die Rolle des zelotischen Pfäffleins zu verzichten, aus dem Getto der auserwählten Besserwisser auszuziehen und als tolerante Mitmenschen sich mit der Welt zu vertragen.

In diese schönere Welt ökumenischer Versöhnlichkeit ragt nun wie ein archaischer Klotz die überlieferte Lehre von der Glaubensgewißheit hinein. Glaube, so heißt es, ohne Gewißheit sei kein wirklicher Glaube. Sei wertlos vor den Augen Gottes und nicht jener Glaube, den Jesus als unerläßliche Bedingung der Gemeinschaft mit Ihm und als Tor des ewigen Heiles gefordert und ermöglicht habe.

Verzicht auf Gewißheit?

Es gibt einen weiteren Grund, den Verzicht auf Gewißheit zu fürchten. Gewißheit ist ein Pfeiler humanen Zusammenlebens. Ungewißheit demoralisiert im englischen wie im deutschen Sinne des Wortes. Demoralize heißt verunsichern, verwirren, die Orientierung nehmen, entmutigen. Es macht Angst und Schwindel. Es ist ein wesentliches Moment des neurotischen Elends, vielleicht das wesentlichste.[5]

Weil Verunsicherung im Denken das sittliche Urteil seiner Verbindlichkeit beraubt, demoralisiert der Verzicht auf Gewißheit auch im ethischen Sinn unvermeidlich: Lex dubia non obligat. Ein Gesetz von zweifelhafter Geltung verpflichtet nicht, ist ein alter Grundsatz der Moralphilosophie. Ungewißheit als Unverbindlichkeit zerstört Treu und Glauben.

»Alles ist verfechtbar – von der absurdesten These bis zum ungeheuerlichsten Verbrechen.«

Als Psychotherapeut lernte ich die fundamentale Schwäche und Anfälligkeit des Glaubens ohne Glaubensgewißheit kennen. Er ist ein seelischer Krankheitsherd ohnegleichen und wird meist als solcher nicht erkannt. Ungewißheit des Glaubens ist die Quelle vieler Ängste und Schwindelgefühle existentieller und psychosomatischer Art.

Elend und Schwäche des Menschen zeigen sich nirgends so deutlich wie in seiner konstitutionellen Unfähigkeit zu selbständigem Denken. Wo immer wir irgendeine eingefleischte Meinung, eine uns liebe Haltung oder Verhaltensweise prüfen, finden wir weit eher die namentlichen oder namenlosen Autoritäten, von denen sie stammt, und die Interessen, die sich die zu ihnen passenden Autoritäten auswählen, als einen Weg korrekter Denkarbeit. Wir denken und handeln unter der Nachwirkung von Suggestionen, unter vielleicht längst vergangenem Druck von einzelnen und Gruppen. Selbst wenn wir uns emanzipierter Unabhängigkeit rühmen, bleiben die Souffleure verborgen. Das ist trivial. Wir sind Herdentiere und auch der originellste Einzelgänger läuft in einem oft für ihn unsichtbaren Zug von vielen mit. Es gibt vielleicht eine Philosophia perennis, per annos, eine also, die sich durch die Jahrhunderte durchhält, aber sicher auch eine Philomoria perennis, einen Narrenzug der Liebe zum Unsinn durch die Zeiten.

Alles ist gleich-gültig

Wer überzeugt ist, daß allein das Göttliche das Ziel des menschlichen Weges und die Lösung des Rätsels Mensch ist, sollte auf die Frage, warum er mit dieser Überzeugung zu einer rasch dahinschwindenden Weltminderheit gehört, antworten können. Religion wird vom Interesse der Massen je länger je lieber verlassen, auch vom Interesse der intellektuellen Massen.

»Als zeitgenössische Form philosophischer Skepsis meint Pluralismus die konkurrierende Gleichwertigkeit unvereinbarer Positionen, mit dem Ziel, diesen Zustand zu erhalten. Praktisch eingelöst zöge eine solche Übereinkunft die Konsequenz aus der Unmöglichkeit, Wahrheiten zu erkennen ... Denn auf eine der letzten Gewißheiten (daß nicht alles miteinander und gleichzeitig wahr sein könne) antwortet der Pluralismus radikalisierend mit dem Offenbarungseid der Erkenntnis, es habe alles als gleich gültig sich gezeigt, die Gleichgültigkeit des Erkannten sei die Folge.«[6]

Ich halte diesen Offenbarungseid für einen betrügerischen Konkurs. Denn nur dem Professor Niemand hat sich alles als gleich gültig gezeigt, nicht dir und nicht mir und auch nicht dem

Pluralismus; denn er ist keine Überperson, die Gleichgültigkeit denken, fühlen oder vortäuschen könnte; er ist nicht eine abstrakte Meinungsvielfalt, sondern Vielheit der Meinenden, denen ihre Positionen nichts weniger als gleichgültig sind. Der Satz ist ein Falschspiel mit Worten, wie überall, wo man der »Unmöglichkeit, Wahrheiten zu erkennen« so sicher ist, als hätte man eben damit die letzte Wahrheit erkannt.

Immerhin, Absurditäten wie die zitierte haben eine faszinierende suggestive Kraft – ›und manchen hat's das Herz verdreht, die vordem wacker waren‹.

Es gibt zutreffende Sätze

Mir ist die Rede von der Unmöglichkeit von Wahrheiten kaum verständlich, weil jeder Redende doch immer voraussetzt, daß es *zutreffende Sätze* gibt, und daß auch ihm gelegentlich solche gelingen; daß es jetzt hier regnet, daß ich friere, daß München in Bayern liegt oder eben die Sätze, die er gerade sagt. Den Unterschied zwischen zutreffenden und unzutreffenden Sätzen setzt er sogar voraus, wenn er zweifelt, zu welcher Sorte die seinen gerade gehören.

Vielleicht ist mit der »Unmöglichkeit von Wahrheiten« nicht die Möglichkeit trivialer wahrer Alltagsaussagen bestritten, sondern nur gemeint, daß es schwer ist, sich der Wahrheit in einem tieferen und anspruchsvolleren Sinn zu vergewissern – z. B., der ethischen, der metaphysischen, der religiösen oder gar der erschöpfenden Wahrheit. Dann sollte aber just dies ausdrücklich gesagt werden. Sonst ist solche Rede keineswegs gleich gültig, wohl aber einfach ungültig wie alles in sich Widersprüchliche: demoralisierend, das Menschliche verderbend.

Die agnostische Grundstimmung und die ihr entsprechende Religiosität ist kein guter Boden für inneren Frieden, für Glück und Gelingen. Indes, nicht jeder will und kann sich von dem Boden lösen, auf dem er aufgewachsen ist. Nicht wenige könnten auf einem anderen Boden gar nicht existieren. Sie müssen vorerst bleiben, wo sie sind, wenn möglich, nicht allzulange.

Nur: Dieser Boden hält keine Belastung aus. Er trägt auch keine menschenwürdigen Behausungen. Es empfiehlt sich nicht, auf Sand oder Sumpf zu bauen.

Die Lemminge

Große Teile der Christenheit, auch der katholischen, sind zur Zeit im besten Zuge, in breiter Front ihre Hütten in Sumpf und Sand zu verlegen; in einem beispiellosen Marsch, wie Lemminge, wandern sie auf die Selbstzerstörung zu. Das überlieferte Glaubensbekenntnis wird unbemerkt, vielleicht bei vielen auch unvermeidlich, in ein vages Herumglauben verwandelt. »Ich bin schon voller Entschlossenheit, ich weiß nur noch nicht wozu!« So karikierten wir nach einem unverstandenen Seminar Heideggers den dunklen Meister. Ich bin voller Gläubigkeit, ich weiß nur nicht für wen oder was. Solche Gläubigkeit als Ersatz für Glauben wäre wie eine Liebigkeit als Ersatz für Liebe.[7] Glauben und Lieben haben ein unersetzliches und genaues »wen« oder »was«, ohne daß sie nichtig werden. Religion nur als Gestimmtheit, als Blütenlese des Geschmacks führt den Sammler niemals über sich selbst als Maß aller Dinge hinaus. Er bleibt in sich gefangen. Er glaubt nur sich selbst und an sich selbst. Es kann sein, daß er gerade das liebt und auch vorläufig gar nicht entbehren kann.

Wer aber Gott nicht nur sucht, um einen Genossen in der Selbstverherrlichung und Selbstbestätigung zu finden, der wird dahin gehen müssen, wo er auch mit Widerspruch rechnen kann. »Die Erde schenkt uns Selbsterkenntnis, weil sie uns Widerstand leistet«, sagt Saint Exupéry. Auch der Himmel schenkt uns Selbsterkenntnis, weil er uns Widerstand leistet. Das Wort gilt auch für den Weg der Religion und des Glaubens. Nur wer uns auch dahin führt, wohin wir nicht wollen, auf Wegen, die uns nicht immer einleuchten, kann ein verläßlicher Führer sein. Genau das mutet dem Christen, wenn er will, ein im Sinne seiner Verfasser authentisch gedeutetes Evangelium zu, wenn das zu haben ist.

Für einen Psychotherapeuten scheint es geradezu standeswidrig, die Frage nach der Glaubensgewißheit anzurühren. Sie widerspricht dem wichtigsten aller ärztlichen Grundsätze: Nil nocere, niemals Schaden zufügen. Die Frage nach der Gewißheit des Glaubens und ihrer Begründung ist geeignet, Menschen mit einer Neigung zur Skrupulosität und zur Zwangsneurose in Teufels Küche zu bringen. Sie ist eine einzigartige Verführung zum Grübeln und gleicht der Aufforderung, sich beim schnellen Heruntersteigen auf einer Treppe jeder einzelnen Bewegung bewußt zu sein.

Wenn es nach mir ginge, wäre ich hoch zufrieden mit einem Glauben, der sich selbst als Meinung von hoher oder gar höchster Wahrscheinlichkeit versteht.

Es geht nicht nach mir. Ich muß zur Kenntnis nehmen, daß alle Abrahamsreligionen, Judentum, Christentum und Islam, daß die heiligen Schriften und die Lehrer der Christenheit in allen Konfessionen einen überwältigenden Konsens in dem Punkt haben, daß ein Glaube ohne Glaubensgewißheit entweder gar kein wirklicher Glaube oder allenfalls eine Vorstufe des eigentlichen Glaubens sei, ganz gleich, ob sie den Glauben nun mehr als festes Vertrauen dieses einzelnen auffassen, daß Gott ihm gnädig sei, oder ob sie auch die Zustimmung zu den einzelnen Lehren Jesu Christi betonen: Ohne Festigkeit, ohne Sicherheit des Glaubens ist er nicht, was er sein soll.

Trotzdem hört das ärztliche Gewissen nicht auf zu schlagen. Es kann sich und andere aber hier wie in vielen ähnlichen Fällen mit dem Satz trösten: Nicht sein muß, was nicht sein kann. Auch das Glauben fällt nicht plötzlich vom Himmel. Es hat eine Entwicklung. Wer also vorerst nichts anderes fertigbringt, als unter dem Vorbehalt der eigenen Fehlbarkeit und des eigenen Irrtums zu glauben, soweit ihn das Gewissen drängt, der darf sich ruhig, oder besser unruhig, der Gnade Gottes überlassen, die ihn auf der Jakobsleiter der existentiellen Logik weiterführen wird, wenn der Glaubende es zuläßt.

Religion wird gleichgültig

Unverstandene Religion wird gleichgültig. Das Interesse schwindet. Sie wird gleichgültig, weil sie, so scheint es, nichts bringt, es sei denn Unannehmlichkeiten, lastende Pflichten und Schuldgefühle. Immer mehr Menschen der Neuzeit finden sich in einem Bewußtseinswinkel vor, in dem vom Glanz des Göttlichen kein Schimmer mehr zu sehen ist. Das Erlahmen des Interesses ist dennoch rätselhaft. Die Menschheit ist unersättlich neugierig. Der Urtrieb des Geistes ist auf Wissen aus und auf Teilhabe an aller Wirklichkeit. Der Geist geht aufs Ganze. Wie kann dieses Interesse, Ursprung und Sinn der Wirklichkeit zu ergründen, um von ihr geeigneten Gebrauch zu machen, zur »Fachidiotie« der Wissenschaft und des Lebens verkümmern? Woher die Resignation, leichtherzig und leichtsinnig auf Teilhabe am besseren »Teil« der Wirklichkeit, auf das Göttliche zu verzichten?

Kinder, denen Religion liebevoll und angemessen angeboten wird, antworten meist mit selbstverständlichem Interesse.

Wenn Augustinus mit dem dies alles zusammenfassenden Satz recht hat: Unruhig ist unser Herz, bis es ruht in Dir, o Gott – dann ist es schwer verständlich, wie gründlich Menschen diese Unruhe verkennen und unterdrücken, wie »herzlos« sie zu leben vermögen.

Aber verständlich hin oder her: sie können es. Müssen sie es auch? Geschieht es unfreiwillig?

Am meisten verwunderlich ist, daß Religion aus, so scheint es, oft nichtigen Gründen aus dem Horizont schwindet. Es müssen doch dem umfassenden Wissenwollen und Teilhabenwollen des Geistes ungeheure Widerstände entgegenstehen, um diesen Mangel an Interesse zu erklären.

So ist es auch. Die leidenschaftlichen Widerstände sind unschwer zu finden: Die Trauben der Religion hängen zu hoch und sind zu sauer.

Religion tut weh, kostet Schweiß, Tränen und Blut. Sie bringt Entbehrungen für alle vitalen und geistigen Triebe, dazu narzißtische Kränkungen, Demütigungen.

Sie begrenzt Libido, Aggression, Egoismus und Narzißmus, weil der Mensch weiß oder ahnt, daß die Rechte von Mitmenschen, von Gott oder von den Göttern stammen, daß sie unverfügbar sind. Religion verwehrt nicht alles und sie schenkt viel, aber sie verwehrt zu vieles, was das Herz begehrt. Nur Atmen erlaubt sie uneingeschränkt. Zu ihrem Wesen gehört überall in der Welt das Opfer, das Abgeben von Eigenem, also immer Selbstberaubung für die Gottheit.

Rette sich wer kann. Die Flucht vor dem Göttlichen ist sofort verständlich, wo das Göttliche als das Bedrohliche, Beraubende, Vernichtende gefühlt und gefürchtet wird. Gottesfurcht ist dann der Anfang aller Weisheit, weil sie zur Flucht rät. Huldigung, Dienst, Annäherung scheinen nur noch möglich, wenn es unbedingt sein muß. Das ist auch oft eine Bedingung des Gehorsams von Kindern.

Alle Religionen tragen ein erschreckendes Kreuzeszeichen. Keine macht es dem Wunschdenken wirklich recht. Schmerzlos sind nur, vorübergehend und täuschend, Pseudoreligionen.

Der Mensch hat die gewichtigsten Motive, ein Religionsflüchter und Religionsvermeider zu werden.

Auf der anderen Seite steht es so, daß der Mensch seiner Welt und seiner selbst als sinnvollen Gebilden nur innewird in Religion. Erst die Entdeckung des Göttlichen macht Welt und Geschichte verstehbar. Alles Glück und Gelingen des Menschenlebens hängt daran, daß der Mensch verstanden wird und sich selbst versteht. Solches Verstehen läßt sich nicht durch irgendein naturwissenschaftliches Erklären des Menschen ersetzen; auch nicht durch Evolutionstheorie.

Die untergründige, gereizte Abwehr, die heute meist unter dem Mantel der Uninteressiertheit verborgen wird, ist zum Durchschnittsverhalten geworden. Der mittlere Mensch »hat sich an die Gleichgültigkeit gewöhnt, für die das Thema Gott oder Religion eigentlich schon gar kein Thema mehr ist. Er hat sich vielfach eine sich selbst nicht mehr hinterfragende Glaubenslosigkeit herangebildet, die ernsthaften Argumenten nicht mehr zugänglich ist, die widerwillig und gelangweilt hört, ohne eigentlich hören zu wollen und in einer merkwürdigen Selbstverständlichkeit sicher weiß, daß in Glaubensfragen nichts zu wissen ist.«[8] Dieser mittlere Mensch und der mittlere Wissenschaftler wünscht, nicht von Transzendenz belästigt zu werden. Er möchte im Gebrauch und Genuß seines Menschseins nicht von einem »andersgläubigen«, eifersüchtigen Gott gestört oder auch nur in seiner Freiheit eingeschränkt werden.

Ein vernichtendes Argument

Der innere Widerstand gegen Religion findet leicht mindestens ein vernichtendes Argument. Es ist der schon zu Anfang angeführte Gedanke, der Mensch könne feste Überzeugungen gar nicht verantworten. »Wahrheit gibt es nicht. Die Wissenschaft hat das festgestellt.« Sie erlaubt uns Hypothesen, mehr oder weniger wahrscheinliche Theorien; sie fordert alledem gegenüber die Bereitschaft, es morgen wieder aufzugeben, wenn neue Befunde das bisher Gedachte als falsch erweisen sollten.

Wissenschaft, so scheint es, erlaubt uns fast niemals, die Möglichkeit des Irrtums auszuschließen.

Wenn diese letzte Unsicherheit in und außerhalb der Wissenschaft das letzte Wort sein sollte, ist der Glaube von Juden, Christen und Muslimen nicht zu verantworten. Denn er steht und fällt mit Gewißheit. Ich glaube an Gott, den allmächtigen Vater – Irrtum vorbehalten – das geht doch wohl nicht.

Wenn es aber nicht geht, dann fühlt sich der Mensch vielleicht unverstanden von dem Jesus Christus und von allen Offenbarungsreligionen, die eine so ungesichert schwebende Erkenntniskraft verpflichten, etwas so Widersprüchliches wie Glaubensgewißheit in sich zu erzwingen. Wir könnten sie nur erkrampfen. Generationen haben das getan und es ist ihnen oft nicht bekommen. Wer den Menschen wirklich versteht, muß ihm den Zweifel erlauben oder gar, mit Descartes, gebieten.

Psychoanalytisch gesehen, kommt ein übermäßiges Sicherheitsbedürfnis und damit eine ausufernde Zweifelsucht besonders bei zwangsneurotischen Charakteren vor. Wer also gar so arg um Gewißheit besorgt ist, setzt sich in den Verdacht, auf diese Weise sehr private libidinöse Kindheitsprobleme im Wiederholungszwang zu erneuern. Das ist charakteristisch für »Rationalisten«, auch für religiöse. Doch ist solcher Rationalismus keineswegs rational.

Rational im engeren Sinne nennen wir eine zur Zustimmung *zwingende* Einsicht – es gibt solche –, die als sicher oder wahrscheinlich anerkannt werden muß. In diesem Sinn ist der Glaube niemals rational, weil er nicht zwingt wie manche mathematische oder logische Einsichten und Beweise, sondern Freiheit läßt.

An diesem Wort »zwingend« hängt alles.

Glaube ist und soll rational sein, wenn man damit eine Zustimmung aufgrund eines auffordernden, drängenden und zureichenden, aber eben nicht zwingenden Bündels von Einsichten meint.

Glaubensgewißheit ist nicht einfach dadurch gegeben, daß jemand *aus guten Gründen* das für wahr hält, was Jesus lehrt. Es bedarf einer Zuwendung der freien Personmitte »aus ganzem Herzen« zu dem Herrn des Glaubens, ohne welche sich die Gewißheit weder einstellt noch erhält.

Newman hat gezeigt, daß bei der Glaubensentstehung viele subtile unreflektierte oder gar unbewußte Gründe eine Rolle spielen, wie das z. B. auch der Fall ist bei der schwer beweisbaren und doch zweifelsfreien Sicherheit von der Realität unserer Außenwelt. Schon Descartes hatte in den ›Meditationen‹ Gründe aufgeführt, die diese Sicherheit in Frage stellen. Erst Newman im neunzehnten, unabhängig von ihm Nicolai Hartmann im zwanzigsten Jahrhundert und Josef de Vries, dieser von Newman ausgehend, haben die ganz überragende Wichtigkeit des Konvergenzdenkens und des Konvergenzbeweises für das Leben, für alle Wissenschaften und auch für den Glauben aufgewiesen; der letzte besonders eindrücklich in »Grundfragen der Erkenntnis«. Das Konvergenzdenken liegt insbesondere allen unseren Alltagssicherheiten zugrunde, z. B. der relativen Verläßlichkeit unseres Gedächtnisses usw. ... Kurz gesagt handelt es sich um eine Häufung von voneinander unabhängigen Wahrscheinlichkeiten, welche die Beweiskraft vervielfältigt, wie ein Kabel eine große Last trägt, die von den einzelnen Drähten nicht getragen werden könnte.

Glauben hat seine Zeit – Zweifeln hat seine Zeit

Es scheint, daß die Theologie über der Betonung einer logisch, psychologisch und biblisch begründeten Glaubenspflicht – es gibt Situationen, in denen ich einem anderen Unrecht tue, wenn ich mich weigere, ihm zu glauben – versäumt hat, die ebenso unter Umständen gegebenen Zweifelsrechte und Zweifelspflichten zu klären, die auch im Glaubensbereich nicht einfach aufgehoben sind. Unter anderem sind sie es, die eine Theologie als Wissenschaft überhaupt erst ermöglichen. Es steht ja nicht von vornherein in jeder Hinsicht fest – sonst gäbe es keine Konzilien –, welche Sätze und welcher Sinn von Sätzen Glaubensinhalte sind. Weil Sprache Geschichte und Entwicklung hat, Bedeutungswandel, kann der Sinn des menschlichen und göttlichen Wortes auch niemals endgültig und eindeutig festgeschrieben werden.

Eine christliche Ethik des Zweifelsrechts und der Zweifelspflicht ist schon begründet in der Art und Weise, wie Jesus das Alte Testament und seine Auslegung durch die Autoritäten seiner Zeit in Frage gestellt hat. Diese Zweifelsethik wird fortgeführt durch die Jahrhunderte. Der Umgang mit dem unentbehrlichen, aber zweischneidigen Instrument des Zweifels ist aber gewiß weder ausreichend bedacht, noch erklärt und geübt worden. Die lebenswichtige Kunst des gläubigen »Zweifelns«, der gewissenhafte Umgang mit den Problemen und Schwierigkeiten des Glaubens ist natürlich auf der argumentativen akademischen Ebene der Theologie ungemein kultiviert worden – dazu wurde sie ja erfunden. Aber auf der existentiellen Ebene einer Philosophia pauperum »für Jugend und Volk« ist die moderne Normalsituation der Konfrontation mit dem Pluralismus der Weltanschauungen und der Werte wohl doch viel zu spät erkannt worden. Das zeigen z. B. in der psychotherapeutischen Erfahrung die Lebensgeschichten allzu vieler auf christlichen Schulen und Internaten erzogener Menschen, denen das Zusammengehen von festem Glauben und Zweifelsrecht nie erklärt wurde. Glauben hat seine Zeit, Denken hat seine Zeit, Zweifeln hat seine Zeit.

»Zweifel im schuldhaften Sinn ist nur die willentliche Aufhebung der Zustimmung zu einer Erkenntnis, die dem Zweifelnden wirklich gegeben war und ist, in ihrem Inhalt und (einigermaßen) auch in ihren Gründen.«[9] Zweifel im theologischen Sinn meint nur solchen freiwilligen Zweifel an den Wahrheiten des Glaubens. Unfreiwilliges Zweifelnmüssen, Zweifelszwang oder unüberwindliche Glaubensschwierigkeiten sind nicht schuldhaft, weil nur freie Akte und freie Haltungen schuldhaft sein können. Natürlich kann jemand aus vielerlei Gründen dafür mitverantwortlich sein, daß die normalerweise auftretenden Glaubensschwierigkeiten und Zweifelsimpulse unüberwindlich bleiben oder werden.

Was christlich ist, bestimme ich!

»Feste Überzeugungen sind eine notwendige Bedingung des Glücks.« Wie so viele Aphorismen ist dieser Satz Walter Rathenaus nicht für jedermann überzeugend. Er wird bezweifelt. Viele meinen, daß nichts dem Glück so hinderlich sein könne wie feste Überzeugungen, vor allem religiöse.

Die Verlegenheit dieser Frage fördert heute die Neigung, sich die eigene Religion oder das Gegenteil auf Maß anzufertigen, indem man aus allen Religionen und Konfessionen das jeweils Einleuchtende und Zusagende herausliest.

Im katholischen Religionsunterricht hören viele Schüler am liebsten, selbst das letzte Konzil habe gelehrt, in allen Religionen sei das Licht Gottes zu finden und den Alleinvertretungsanspruch des Christentums dürfe man nicht so eng sehen. Das Wort »Ihr seid das Salz der Erde« wird verstanden als Aufforderung zur Selbstauflösung in einem großen Strom von Gläubigkeit und Religiosität überhaupt.

Alle Religionen meinen, so sagt man, im Grunde dasselbe. Was soll also das kleinliche Beharren auf konfessionellen Unterschieden? Sinnvoll sei heute nicht mehr die Enge der Gebundenheit an kirchliche Bekenntnisse, sondern die Freiheit und emanzipierte Mündigkeit, die mir ermöglicht, das für mich Förderliche zu ergreifen, wo immer ich es finde: Bei Jesus, bei Buddha oder, für besonders kindliche, anlehnungsbedürftige Leute, beim Papst.

Wo einer diesen Weg der Ungebundenheit und Unverbindlichkeit guten Glaubens und in aller Unschuld gehen kann oder gehen muß, darf man trotz aller Besorgnis ein gutes Ende erhoffen.

Viele Formen von »wildem« Katholizismus und Christentum überhaupt überleben nur, weil die nachdenkliche, sorgfältige und dauernde Begegnung mit dem widerständigen Wort und Sinn der Heiligen Schrift von vornherein vermieden wird.[10]

Der Fundamentalismus und seine Folgen

Andere berufen sich auf das Wort: »Wenn Ihr nicht werdet wie die Kinder, könnt Ihr nicht in das Gottesreich eingehen«; sie versuchen es mit einem schlichten Fundamentalismus, der »ganz einfach« auf das klare Wort Gottes baut. Es gibt aber wenig Destruktiveres als die Bibel wörtlich genommen, ohne aus ihrer Mitte und ihrem Ganzen kommende Deutung. Die Ermordung des Jesus ist nicht das einzige, aber ein hervorragendes Beispiel für bibliogene Destruktivität. Sie ist in der Geschichte der Christenheit mit Händen zu greifen. Hier nur eine Illustration, die gleichzeitig zeigt, daß nicht alles ökumenisch umarmt werden kann, was sich christlich nennt.

Auch der Kinderglaube ohne Fragezeichen ist kein Ausweg.

»Vater und Sohn – eine Darstellung zweier Temperamente« heißt ein Buch von Edmund Gosse.[11] Was sich bescheiden als private Biographie vorstellt, ist ein Dokument der Selbstzerstörung des Pietismus, des Christentums, der Religion. Ein an Herz, Geist und Witz hoch begabter Vater, bedeutender Biologe, Zeitgenosse Darwins, hat einen Glauben, der Berge versetzt. Leider sind es gerade solche, die der Glaube besser stehen ließe.

Bibelworte fordern das Beste an uns heraus, aber sie verklumpen sich auch schnell mit allen unguten Neigungen.

Philipp Gosse und seine Frau sind bibelsüchtig. Sie ist eine amerikanische Baptistin. Sie lernt griechisch und hebräisch – 1830 – um das Wort Gottes zu lesen. Sie schreibt so gut, daß ihre Lebensbeschreibung eines jungen Soldaten, der im Krimkrieg gefallen ist, eine Auflage von mehr als einer halben Million erreicht. Auf literarischen Ruhm verzichtet sie dennoch, weil Romane nicht auf Wahrheit beruhen. Literatur und Kunst, auch klassische, werden im Hause Gosse nicht geduldet: Lügenwerk, Teufelswerk. Zum Glück hat Vater Gosse in seiner Schulzeit von Vergil bis zur lebensprallen englischen Barockdichtung viel auswendig behalten. Aber für den Erwachsenen ist die einzige geistige und ästhetische Nahrung die Bibel, dazu Erbauungsschriften, fromme Lyrik, theologische Gespräche bei jeder Gelegenheit und Ungelegenheit.

Der missionarische Eifer treibt die gewinnende und witzige Frau des Vaters fast täglich zu frommen Fischzügen des Menschenfanges. In der Eisenbahn, im Geschäft spricht sie Fremde an, um für den Glauben zu werben. Ihr früher Tod hinterläßt dem Ehemann als Erbe nur ihren Eifer. So trägt er ihn doppelt, und das geht nicht gut.

Neben seiner wissenschaftlichen Arbeit übernimmt er die Leitung einer ländlichen Brüdergemeinde von heute unvorstellbarer Enge und maßloser Frömmigkeit, die ungedämpft auf den bedauernswerten Sohn eindringt. Die intensive Liebe zwischen Vater und Sohn macht alles erträglicher, aber auch schlimmer.

Nein, das alles ist nicht typisch für die Weitergabe des Glaubens von einer Generation zur anderen. Aber es hat doch die Wahrheit einer grotesken Karikatur. Es ist nicht typisch, aber die Wirklichkeit ist nicht selten noch ärger, weil ihr oft jener Ausgleich durch liebenswerte Züge fehlt, welche diesen Vater und diesen Sohn auszeichnen: Humor, Freiheit von Argwohn, Großmut, Zärtlichkeit, Intelligenz. Wäre die erwürgende Frömmigkeit nicht – Vater und Sohn wären um ihr Verhältnis zu beneiden.

Die Weitergabe des Christlichen durch die Generationen ist gefährdet, weil das Christliche sozusagen naturgemäß häufiger durchsetzt mit Bequemlichkeit und anderen Untugenden als mit Eifer gelebt wird. Die ermäßigten Ausgaben etwa eines bürgerlich oder feudal domestizierten Christentums sind aber gerade für den besten Teil der nachkommenden Generation wenig überzeugend oder abstoßend. Wo aber der Eifer wächst, da wachsen zunächst oft auch falscher Eifer und Heilsangst mit, die ein ungutes Klima für den Nachwuchs bieten und neben guten oft auch böse Folgen haben. Vielleicht liegt doch Weisheit darin, die eifrigsten, die hauptberuflichen Verkünder von der Aufzucht kleiner Kinder einigermaßen fernzuhalten? Das ist nicht die Absicht, aber eine Wirkung des Eheverzichts.

Protest gegen Religion entspringt in ihr selbst. Der Anteil von Pfarrerskindern unter den derart Protestierenden ist hoch. In katholischen Familien sind es besonders die Eltern, die ihren innigen Wunsch, ein Kind im Ordensstand oder Priestertum zu sehen, allzu energisch aus den Händen Gottes in die eigenen nehmen; sie legen jenen Eifer für sein Haus an den Tag, der nicht nur sie selbst, sondern auch die Betroffenen verzehren kann.

Immerhin sei angemerkt, daß dieser Sohn Edmund Gosse, der von der Lawine ekklesiogener Neurotisierung überrollt worden ist wie kaum ein Kind, sich aus ihr ungebrochen und heiteren Fußes erheben konnte. Soviel wir wissen, ist er ein lebensfroher und produktiver Mensch ohne Anzeichen neurotischer Störungen geworden. Es ist tröstlich, daß die Lehrbücher nicht immer recht behalten.

So, wie sie bei den Eltern Gosse erscheint, sollte Religion wohl nicht sein.

Wie muß Religion sein, damit sie das wirklich ist, was sie sein soll? Diese Frage kann auch die Psychologie stellen. Versuchen wir eine Antwort: Religion sollte dem Menschen ermöglichen, die ganze Wirklichkeit als etwas anzunehmen, was noch zu retten ist. Vor allem sollte sie ihn in den Stand setzen, begeistert den herrlichen Gott zu rühmen. Religion ist Verherrlichung, Rühmung oder sie ist good for nothing.

Rühmen und Jubeln kann die traurige Anima aber nur lernen, wenn sie sich verstanden fühlt und selbst zu verstehen vermag.

Wir leben in einer pluralistischen Gesellschaft, und wir lieben eine pluralistische Gesellschaft. Nur wenige und nur weniger sympathische Menschen würden sich in einer einstimmig marxistischen oder in einer unisono »christlichen« Gesellschaft wohl fühlen, weil keine von beiden ohne Zwang, Terror und Heuchelei existieren könnte. Keine könnte jene Meinungs- und Glaubensfreiheit gewähren, die zu den naturalen Grundrechten des Menschen gehört.

In der zweiten Hälfte unseres Jahrhunderts zeigt sich im Weltkatholizismus wie schon viel früher im Protestantismus eine Entwicklung, die viele erfreut, andere erschreckt. Ich möchte diese Erscheinung den Verlust des dogmatischen Prinzips nennen. Der vorkonziliare Katholik verstand den katholischen Glauben als eine inhaltlich feststellbare Größe. Für ihn waren die Theologen gute Lexikonfreunde. Man konnte abfragen, was die Kirche glaubt und was sie nicht glaubt. Glaube, Unglaube, Irrglaube, Häresie und Schisma waren durch die klaren Grenzen des Dogmas definiert; darüber hinaus qualifizierten die theologischen Lehrbücher ihre jeweiligen Thesen, soweit sie nicht vom Wortlaut des definierten Dogmas gedeckt schienen, nach einer Skala des Sicherheits- oder Wahrscheinlichkeitsgrades, den die Verfasser bei der These gegeben sahen. Ein übrigens sehr empfehlenswertes Verfahren für jeden, der mit wissenschaftlichen Hypothesen oder Theorien umzugehen hat.

Man fand es selbstverständlich, daß die lehrende Kirche weiß, was sie glaubt und was sie verwirft. Die Theologie schien leicht in der Lage, wissenschaftlich festzustellen, was und wer rechtgläubig ist. Katholische Theologen waren untereinander konsensfähig wie sonst nur noch Naturwissenschaftler. Sie blickten mitleidig auf die Zerrissenheit der vielen protestantischen Theologien und Denominationen. Ein Gott, ein Glaube, eine Taufe, eine Kirche, eine Lehre; die Einheit und Einigkeit des Katholizismus war eine eindrucksvolle Erfahrung zwischen dem I. und dem II. Vatikanischen Konzil, jedenfalls für den Augenschein.

Das ist nicht mehr so. Eine wachsende Zahl von katholischen Christen, unter ihnen viele Theologen, Geistliche und Laien-

theologen, sieht keinen Grund mehr, sich am Dogma wundzu-
reiben. Sie glauben, was ihnen einleuchtet. Sie benutzen die
kirchliche Lehre wie einen Kompaß, bei dem man eine gewisse
Mißweisung einkalkuliert. Sie fragen wenig danach, ob ihr
Glaube mit der Lehre der Kirche vereinbar ist oder nicht, weil sie
diese Lehre zwar in Grundlinien bejahen, aber im einzelnen
nicht für feststellbar oder verbindlich halten. Sie leiden aber auch
nicht unter Widersprüchen, denn sie verstehen sich viel mehr als
ökumenisch gesinnte Christen denn als konfessionelle Katholiken.[12] Der Katholizismus, wie er geht und steht, ist heute schon
ein recht pluralistisches Gebilde. Er war das eigentlich immer,
aber es fühlte sich seit langem nicht mehr so an. Das Selbstverständnis ungezählter Katholiken ist durch Erosion des dogmatischen Prinzips eher unbemerkt ein liberal-protestantisches geworden. Was sich gern ökumenisch nennt, ist nicht selten das
Zusammenfließen eines weichen Protestantismus mit einem
formlos gewordenen Gummikatholizismus – ein Etiketten-
schwindel.

In einem ernsten Sinn ökumenisch ist die Mühe, Mißverständnisse und unbegründete Unterschiede, vor allem aber Abneigun-
gen und Vorurteile zu überwinden. »Laß uns treu zusammenhalten, denn wir kennen einander« gilt auch hier.

Der katholische Erdkreis erwachte und war unversehens pro-
testantisch geworden? Das wäre gewaltig übertrieben. Aber es
fiele nicht in die Augen, weil der »protestantische« Katholik nur
selten noch laut protestiert, und weil der Pluralismus auf der
Ebene der Bischöfe kaum in Erscheinung tritt. Der mittlere Katholik bleibt, sagen wir, »material-katholisch«, er hält vielleicht
an vielen Glaubenssätzen, Überzeugungen, Einstellungen und
Vorlieben fest; er möchte einige Sakramente und Rituale nicht
missen, er ist vielleicht sogar ein sogenannter praktizierender
und eifriger Katholik; aber er bleibt in der Kirche wie einer, der
nicht gern aus seiner Heimat auswandert, ohne sich nun zum
Bleiben eigentlich durch Einsicht und Gewissensgründe verpflichtet zu fühlen. Er könnte auch gehen. Katholisch ist man
dann mehr oder weniger aus Gefühlsbindungen, vielleicht aus
ästhetischen und biographischen Gründen im weitesten Sinne;
das Katholische gefällt besser, es spricht mehr an. Vor allem aber

aus Loyalitätsbindungen, seltener vielleicht aber aus fundierten geistigen Überzeugungen. Es muß nicht sein.

Jene Steinzeitkatholiken, die am dogmatischen Prinzip festhalten, gelten als rigide Traditionalisten, charakterologisch als »autoritäre Persönlichkeiten« im Banne eines erstarrten Überichs, die einfach aussterben werden wie die Anhänger der ptolemäischen Astronomie, oder als Berufsorthodoxe in den höheren Ämtern der Hierarchie überleben.

Diese Entwicklung hat wohl einen Ausgangspunkt in einem nahezu ökumenischen Konsens der Menschheit, den ich die »weltanschauliche Unbestimmtheitsrelation« nennen möchte. Dieser unausgesprochene Konsens sagt: Wahrheit und Genauigkeit sind nur im idealen Raum der Mathematik vereinbar. Im existentiellen Bereich schließen sie einander aus. Wahrheit gibt es, wenn überhaupt, nur als ungefähres, unbestimmtes atmosphärisches Gebilde mit verschwimmenden Grenzen, nicht als fest umrissene, prägnante Gestalt, niemals als definierbares philosophisches oder theologisches Dogma. »Dogmatisch« ist heute ein Schimpfwort.

Viktor von Weizsäcker, ein Pionier der psychosomatischen Medizin, pflegte gern zu sagen: »Im Menschlichen gibt es kein ›so und nicht anders‹, sondern nur ein ›so – und auch ganz anders‹.«

Das moderne Bewußtsein neigt dazu, ein Unbestimmtheitssymbol vor die Klammer aller Überzeugungen des Wissens und des Glaubens zu setzen. Ich glaube im großen ganzen, alles in allem, ungefähr das, worauf »das Christentum« hinauswill, ohne mich auf Einzelheiten festlegen zu lassen. Das gemeinsame Unbestimmte ist mir um Größenordnungen wichtiger als alle spitzfindigen Unterscheidungslehren jener Kontrovers-Theologen, die schon in ihrem selbstgewählten Namen ihre aggressiven Bedürfnisse dokumentieren. Diese Haltung wähle ich aber nicht aus subjektivistischer Willkür, sondern aus der Gefühlsüberzeugung, daß die dem Menschen erreichbare Wahrheit – die es gibt – nicht »genau« und das Genaue nicht wahr sein kann; vor allem, weil es das Lebendige tötet.

Für den Biologen ist dieses Argument nicht so gut. Er weiß, daß alles Leben mit äußerster Genauigkeit steht und fällt. Organismen sind Präzisionsarbeit. Die Exaktheit, die bei der »Kopie« von Chromosomen erforderlich ist, damit ein lebensfähiger neuer Organismus entsteht, ist unvorstellbar. Der minimalste »Druckfehler« in einem genetischen Code von Millionen »Buchstaben« ist tödlich oder führt zu Mißbildungen.

Die Genauigkeit, mit der Hormondrüsen ihre Abgabe dosieren müssen, soll Leben und Gesundheit bestehen, zeigt, daß Präzision zunächst einmal notwendige Bedingung des Lebens ist, ehe sie am falschen Platz lebensfeindlich werden kann. Die Frage liegt nahe, ob es nicht doch Analogien zur Exaktheit der Natur auch im geistigen Leben, im Verhältnis zur Wahrheit und zum Glauben gibt, eine nicht mit Zahlen meßbare Genauigkeit als Bedingung des Lebens und der Wahrheit?

So etwas wie mathematische oder naturwissenschaftliche Exaktheit kann freilich nicht das Ziel sein, weil die Sprache des Glaubens immer eine Sprache der Analogien, eine Sprache in Anführungszeichen ist. So ist es zwar oft noch möglich, zu sagen, was Jesus sicher nicht gemeint hat. Aber was Er »genau« gemeint hat, läßt sich oft nicht leicht feststellen. Ein Randstreifen von Unbestimmtheit gehört zum Wesen des menschlichen Wortes überhaupt. Genau sind nur Ziffern. Eine analoge Sprache (»Er redete in Gleichnissen und ohne Gleichnisse sprach Er nicht zu ihnen«) kann keine ganz exakte sein. Sie arbeitet selten mit der Idea clara et distincta des Descartes. Wenn wir wie die Kinder Gott unseren Vater nennen, dann wissen wir, daß zwischen einem guten menschlichen Vater und dem göttlichen unendlich mehr Unvergleichliches als Vergleichbarkeit besteht.

Die Wurzel der Vorliebe für das Ungefähre liegt wohl nicht nur in solchen Sachgründen: Der mittlere Mensch denkt und lebt unter der Übermacht des Augenscheins, des Plausiblen und vor allem eines Konformitätsdrucks der öffentlichen (Gruppen-) Meinungen, die durch unzählige physiologische und psychologische Faktoren die Sachverhalte verzerren. Das Plausible, wahr Scheinende, ist *die* Quelle aller Irrtümer.

Keine Chance für den ganzen Glauben?

Dieser herrschende Augenschein sagt aber: Wir haben einfach keine Chance, am ganzen Glauben der Kirche festzuhalten, alles zu glauben, was die Kirche lehrt. In aller Stille, so scheint es, gibt die Kirche das selber zu, indem sie ihren Glauben von Zeit zu Zeit revidiert, und, besonders häufig in diesem Jahrhundert, Dogmen uminterpretiert oder einfach unauffällig fallen läßt. Es kann nicht böse und falsch sein, in diesem unausbleiblichen Prozeß der Entwicklung der naturgemäß bremsenden Bewegung in den römischen Zentralen ein paar Schritte voraus zu sein. Schließlich wäre Papst Paul VI., hätte er die »Erklärung über die Religionsfreiheit« des II. Vaticanum im fünfzehnten Jahrhundert auf dem Konzil von Florenz vorgetragen, mit großer Wahrscheinlichkeit als Ketzer verbrannt worden. Ich als einfacher Gläubiger kann nicht im einzelnen prüfen, ob und wie das, was ich im Katechismus als Kind gelernt habe, heute noch mit oder ohne Veränderung als bare Münze zu nehmen ist. Im Holländischen Katechismus, in den neuesten Religionsbüchern, welche die französischen Bischöfe approbiert haben,[13] liest man es anders. Es scheint, daß niemand mehr das überlieferte Dogma in vollem Umfang hält, wie wir es als Kinder im Katechismus gelernt haben. Ich kann auch keine Theologen fragen, weil die sich ja auch nicht einigen. Mir bleibt gar nichts anderes übrig, als ein Hinnehmen der Tatsache, daß katholischer Glaube heute ein vieldeutiges und vielgestaltiges Gebilde ist, demgegenüber die kirchliche Autorität selbst nicht mehr wagt, ihren Glauben unfehlbar zu definieren. Nicht umsonst hat das II. Vaticanum ausdrücklich betont, es wolle keine Dogmen festlegen. Nicht umsonst scheuen sich – zum Glück – die letzten Päpste, in ihren heiklen Enzykliken wie z. B. »Humanae Vitae« ihre Autorität voll, d. h. mit dem Anspruch der Unfehlbarkeit einzusetzen. Vielleicht können sie es hier gar nicht, weil die Offenbarungsgrundlage fehlt oder die Kirche ihrer Sache doch nicht so ganz sicher sein kann. Was aber nicht unfehlbar ist, ist fehlbar; also vielleicht falsch oder eine Halbwahrheit. Nicht umsonst werden »fortschrittliche« Theologen, die Dogmen im Dutzend verramschen, von den Autoritäten mit einer Schonung behandelt, die unvorstellbar und unvertretbar wäre, wenn diese Autoritäten selbst wüßten, was sicher zum unverfügbaren Glaubensgut der Kirche gehört, und was zum Bereich der diskutablen theologischen Kontroverse zu rechnen ist, in dem freilich Pluralismus so legitim wie notwendig ist.

Professoren der Theologie schreiben und reden heute manchmal in einer Weise, die viele andere nicht einmal mehr als im weitesten Sinne christlich verstehen können.

Als Gesamteindruck dieses Augenscheins bleibt für viele gutwillige Katholiken: Die Kirche vermag die »Essentials« des Christentums nicht mehr eindeutig zu vermitteln und Wesentliches vom Unwesentlichen nicht mehr zu unterscheiden. Wie die Protestanten vermag sie vielleicht nicht einmal mehr, die Artikel der großen Glaubensbekenntnisse ohne Neuinterpretation aufrechtzuerhalten. Es gibt mehr und mehr »in dubiis libertas«, aber kaum mehr »in necessariis unitas«. Die Kirche wird eine Möglichkeit innerhalb eines unvermeidlich pluralistischen christlichen oder »gläubigen« Spektrums, eine Wohnung im Hause des Vaters, der viele Wohnungen hat.

Dieser Pluralismus wird von vielen nicht erlitten, sondern genossen. Er hat keine Kanten und Ecken mehr, an denen man sich wundstoßen könnte. Er ermöglicht ein ungeahntes Ausmaß von friedlichem und freundlichem Nebeneinander in Ehen, Familien, Gruppen ohne die leidigen konfessionellen Spannungen. Toleranz ist Leidvermeidung. Auch falsche Toleranz, die zu Lasten der Wahrheit geht, ermöglicht, tiefe Loyalitäten des Gefühls zu bewahren, ohne auf die Absetzung und Abgrenzung z. B. zwischen Kindern und Eltern wie auch umgekehrt zu verzichten.

Gibt es christlichen Pluralismus?

Gibt es einen berechtigten Pluralismus, das Nebeneinander unvereinbarer Glaubensüberzeugungen im Christentum, in der Kirche? Oder sollte die Kirche sich von jedem Pluralismus reinigen, indem sie bei Auftauchen unvereinbarer Positionen in der Theologie alsbald eine Entscheidung fällt, um Eindeutigkeit des einen Glaubens zu bewahren und herzustellen?

Sollte die Kirche umgekehrt einsehen, daß »Orthodoxie« an sich ein Unding ist? Sollte sie das dogmatische Prinzip aufgeben und zusehen, was Wort und Geist Gottes im einzelnen bewirken? Sollten wir eine »Hinduisierung« des Christentums wünschen, in der es nicht mehr auf Glaubenssätze ankommt, sondern auf das Berührtwerden von einer spirituellen Atmosphäre, die über alles Sagbare hinausführt? So sagt ein indischer Jesuit, Anthony de Mello, in einem Gedicht »Das Lied des Vogels«:[14]

»Ein Vogel singt nicht, weil er etwas zu erklären hat,
er singt, weil ein Lied in ihm ist.
Die Worte des Gelehrten muß man verstehen,
die Worte des Meisters nicht!
Man muß ihnen zuhören, wie dem Wind in den Bäumen
und dem Rauschen des Flusses und dem Lied des Vogels.
Sie erwecken etwas in unserem Herzen,
das jenseits allen Wissens liegt.«
So ähnlich sagt's der Bhagwan auch.

Glaube ist »dogmatisch«

Die Antwort, die zu allen Zeiten der Geschichte durchgehalten wurde, lautet anders. Sie sagt: Es gibt kein Christentum ohne »Prägnanztendenz«. Es gibt keine Lehre Jesu ohne Knochen, ohne »dogmatisches Prinzip«. Jesus wollte keine inhaltsleere Ergriffenheit bewirken. Auch der Meister will verstanden werden. Seine Botschaft ist eine bestimmte, er hat »etwas« gemeint und gesagt. Gerade darum ist es möglich, ihn auch mißzuverstehen und in seinen Worten Botschaften zu finden, die er nicht gegeben, sondern mit Schärfe zurückgewiesen hat. Er gibt nicht jedem Recht. Er hat sich oft mißverständlich ausgedrückt, weil es mit menschlichen Worten überhaupt nicht möglich ist, über das, was er mitteilen wollte, ganz unmißverständlich zu sprechen.

Wittgensteins Satz: »Was sich überhaupt sagen läßt, läßt sich klar sagen«[15] gilt nicht, wo von Gott und Mensch die Rede ist. Darum gibt es kein Christentum ohne Pluralismus, ohne miteinander unvereinbare oder unvereinbar scheinende Verständnisversuche. Das ist sehr gut. Jeder Versuch, ein völlig eindeutiges Christentum zu konstruieren, müßte scheitern, weil keine noch so genaue Definition ihr eigenes Mißverständnis verhindern kann. Er wäre unmenschlich, weil die Prägnanz menschlichen Denkens in diesem Bereich keine mathematisch eindeutige werden kann und werden soll.

Wie kann bei dieser Unvermeidbarkeit des Pluralismus noch von Einheit des Glaubens die Rede sein? Angesichts der Überfülle und Beliebigkeit von Glaubensmeinungen und Sekten, die wir in der Geschichte finden, könnten wir annehmen, daß Jesus entweder auf die Einheit keinen Wert gelegt hat oder in jedes Herz, das ihn kennen will, den Glaubensanteil legt, den dieser einzelne braucht: unter milder Duldung aller Irrtümer, die dieser einzelne in sein privates Verständnis des Gotteswortes einbringt. Auch die Botschaft des Sokrates wird ja nicht nichtssagend, auch wenn keine Autorität und keine Institution über ihre richtige Weitergabe wacht.

Katholische und viele evangelische Christen glauben jedoch, daß es so etwas wie eine lebensnotwendige Konturiertheit des Glaubens gibt, ohne den er sinnlos würde. Dann hätte Gott seine Worte sparen können. Sie glauben, daß die Kirche dafür sorgen kann und sorgen soll, daß diese Konturen evangelisch und katholisch im Wortsinn sind, also für *das Ganze* des Evangeliums uneingeschränkt und unentstellt offen.

Religiöse Sprache hat und braucht einen Spielraum. Sie kann aber nicht völlig unprägnant sein, sonst wäre sie nichtssagend und gleichgültig. Sie kann auch nicht alle Zweifel an ihrem Sinn beseitigen oder verhüten, sonst könnte sie nicht Menschensprache bleiben. Wenn es aber innerhalb der Botschaft Zweifel gibt, wie Augustinus voraussetzt, dann muß es Libertas in dubiis geben; eine Freiheit, die nicht ohne Schmerz und Sorge, doch auch mit Freude genossen werden soll wie jede Freiheit. Wie in der Wissenschaft, so gibt es auch im Glauben einen Fortschritt der Einsicht nicht ohne Versuch und Irrtum.

Andrerseits muß es wohl eine Unitas in necessariis, Einheit im Unerläßlichen, geben und jemanden, der die Necessaria bezeichnet. Sollte ein Konzil auf die Idee kommen, die Gottheit sei leider allzu lange fälschlich als Dreifaltigkeit verstanden worden, und wir müßten aufgrund neuerer wissenschaftlicher Forschungen schleunigst zu der jüdischen Form des Monotheismus zurückkehren, Unitarier werden oder nach C. G. Jungs Wunsch eine um das Weibliche bereicherte Vierfaltigkeit glauben, dann hätten wir die Last der lehrenden Kirche unsinnigerweise in Blut und Tränen umsonst getragen. Das wäre die Selbstzerstörung des Christentums; ein Identitätsverlust, der dieses Christentum und seinen Stifter im akademischen Streit der Gelehrten im Laufe der Zeit unerkennbar machen müßte. Von »Deutschen Christen« des Dritten Reiches bis zu Hegels Religionsphilosophie und zu einem atheistischen Christentum wäre alles möglich. Auch wer eine Una sancta ohne Credo und Dogma für möglich und wünschenswert hielte, könnte vielleicht noch zugeben, es sei unehrlich, so ein Mixgetränk noch katholisch zu nennen. Es wäre auch nicht christlich, weil es sich die Bestimmung, was als christlich zu gelten habe, im Grunde weder von Christus noch von den Aposteln sagen lassen will und eben darum schon gar nicht von einer Kirche. Was christlich ist, bestimme ich.

Das klingt polemisch und ist so gemeint. Es gibt eine andere Seite: Viele Menschen sind von der Ahnung berührt, daß Jesus eine auszeichnende Aufmerksamkeit beansprucht und beanspruchen kann. Es ist ihnen aber unmöglich, alles anzunehmen, was er gesagt hat. Wenn ihnen der raffinierte Ausweg des gelernten Exegeten nicht zur Verfügung steht, der heißt: »So kann Jesus nicht gesprochen haben« – dann tun sie gut daran oder sie tun vielleicht sogar ihr Bestes, wenn sie sich das zu Herzen nehmen, was sie fassen können und darauf setzen. »Wer es fassen kann, fasse es« ist ein Vorspann, der vor jeden Satz der Heiligen Schrift gehört. Die geringste Wahrheit des Evangeliums, die einer ernst nimmt, kann über sich hinausführen ins Ganze. Nur dem Hochmut der gelehrten und der unwissenden Besserwisser versagt sich das Evangelium.

Die Patt-Situation *

Die Möglichkeit des Kindes und des einfachen Menschen, die Weltanschauung seiner Eltern arglos ohne Zweifel als wahr hinzunehmen, schwindet mit der Einsicht des Heranwachsenden, daß es keine unangefochtene, problemlose Deutung unserer Welterfahrungen gibt, keine Religion, Philosophie oder Weltanschauung ohne unvereinbar erscheinende Widersprüche. Jede Weltdeutung steht vor einer Reihe von »Tatsachen«, die mit ihr unvereinbar sind oder scheinen.

So sagt Hoimar von Ditfurth über solche Gegensätze (z. B. von Materialismus und Idealismus): »Bekanntlich hat sich im Laufe der Zeit eine Reihe von Standardantworten herausgeschält, an denen sich in den letzten Jahrhunderten grundsätzlich nichts mehr geändert hat, und die bis auf den heutigen Tag mehr oder weniger gleichberechtigt nebeneinanderstehen.« Wenige Zeilen später: »Die Tatsache, daß alle Anstrengungen der illustresten Köpfe in Jahrhunderten nicht genügten, um zwischen derart konträren Positionen eine Entscheidung herbeizuführen, läßt ohne allzu großes Risiko die Vorhersage zu, daß die Frage für uns letztlich unbeantwortbar ist.«[16]

Ditfurth nennt das die Patt-Situation in der philosophischen Diskussion. Es ist bezeichnend, daß er seine Sätze mit dem Wort »bekanntlich« einleitet, als sei die Unentscheidbarkeit der wichtigen weltanschaulichen Fragen selbstverständliche Überzeugung aller, die überhaupt solche Fragen stellen.

So sehr dieses »bekanntlich« der Sache nach eine naive Unterstellung ist, so recht hat Ditfurth psychologisch: Wohl jeder nachdenkliche Mensch hat Zeiten, in denen große Lebensfragen sich für ihn persönlich als hoffnungslos unentscheidbar anfühlen. Verzagtheit ergreift ihn vor der Zumutung, der Patt-Situation zu entkommen. Jede philosophische oder theologische Position wird ja von Menschen höchster Intelligenz und größter Sachkenntnis verteidigt oder auch verworfen. Nur ein überheblicher Rechthaber kann sich einbilden, daß nun grade ihm ge-

---

* Die folgenden Seiten bis S. 43 kann, wer mehr an der Praxis als an der Theorie des Glaubens interessiert ist, überspringen.

lingt, was der gesammelten Intelligenz der Menschheit noch nie gelungen ist. Jede Entscheidung weltanschaulicher Fragen scheint sich mehr oder weniger aus biographischen Zufällen des Überwiegens sich ansammelnder Plausibilitäten, also letztlich fast als eine Geschmacksfrage zu erweisen. Ich wähle den Cocktail von Plausibilitäten, der mir am besten schmeckt. In ihrem Glauben sichere Christen kommen sich selbst und anderen oft wie größenwahnsinnig oder überheblich vor, befallen von einem Unfehlbarkeitskomplex.

Dieser Eindruck einer letzten Unsicherheit kann in sehr unterschiedlicher Weise erlebt werden. Die Bodenlosigkeit des Beliebigen, von der Karl Jaspers spricht, ist für den einen Ursache für namenlose Ängste, für eine Grundstimmung des Schwindels, des Elends und der Verlassenheit; für den anderen ein hoher Genuß, weil sie ihm alle Freiheit des Beliebigen eröffnet. Er kann denken und handeln, wie es ihm gefällt. Sigmund Freud nennt als ein Ziel einer geglückten Entwicklung, daß der Mensch lernen müsse »ein Stück Unsicherheit zu ertragen«. Er berücksichtigt an dieser Stelle nicht, daß Unsicherheit nicht nur als ein Übel ertragen, sondern auch als ein wirklicher oder vermeintlicher Wert genossen werden kann: lieber Schweben als Stehen.

Die Unsicherheit vor dem Auswahlangebot bringt einen spezifischen Lustgewinn der Selbstherrlichkeit bis zum zynischen Nihilismus. Psychologisch ist er besonders häufig zu erwarten bei Menschen, die in der Jugend unter der Last einer starren Autorität gelitten haben, vor allem dann, wenn die Autorität den Zweifel an ihren Meinungen als frevelhaft und gottverboten verpönt hat.

Leiden am Pluralismus

Pluralismus bedeutet Verunsicherung und damit Angst. Vertrauensselig übernimmt ein Kind die Belehrung der Großen. Eines Tages entdeckt es Meinungsverschiedenheiten, durch die seine eigene Überzeugung zu einer angefochtenen, fragwürdigen wird. Eine wehtuende Erschütterung, ein Keim von Mißtrauen. Irrtumsfähigkeit und Unwahrhaftigkeit der Eltern werden schmerzlich entdeckt. Pluralismus wächst aus der offenen Wunde enttäuschten Vertrauens. Jeder Mensch hat ein tiefes Bedürfnis nach Einvernehmen. Er wünscht sich Gleichgesinnte, die ihn in seinen wichtigsten Auffassungen verstehen, anerkennen und bestätigen. Er selbst möchte für andere ein Anerkennender, nach Möglichkeit ein Lobender und Rühmender sein. Selbst der Gangster wünscht sich Kumpane und einen Boss, die er gut finden kann. Loyalität, Konsens über Ziele, Wege und das Zusammenhalten sind vital wichtig.

Pluralismus macht Heilsangst. Er stellt in Frage, ob ich in der wesentlichen Wahrheit bin, ob ich das richtige »Sesam öffne dich« gehört und behalten habe, das den Zugang zu den Wegen Gottes und den »Gärten des Menschlichen« öffnet. Er konfrontiert mich lebenslänglich mit der Möglichkeit, aus Nachlässigkeit und Schuld die Heilswahrheit, das richtige Leben zu verfehlen, an meinem Menschsein und am Willen Gottes vorbeizulaufen.

Pluralismus stellt jeder Sinnbehauptung eine andere entgegen. Er gefährdet die ruhige Sicherheit in allen Überzeugungen. Die Zerzweiflung von Überzeugungen, die Bedingungen der Lebensbejahung sind, führt so zur oder ist schon Verzweiflung. Sie kann zwar für Jahrzehnte überspielt werden, sie muß auch weder in Depression noch in Selbstmord enden. Aber ihre verdeckteste Form, das Abgleiten in den Nihilismus der täglichen Zerstreuungen von Arbeit und Vergnügen, das Versinken in lauem Behagen bedeutet eine Selbsterniedrigung, den Versuch, sich selbst zum eigenen Haustier abzurichten, Verlust des eigentlichen Menschseins.

Pluralismus ist wie der Irrtum ein unvermeidliches Übel. Nicht zuletzt weil er, auch wie der Irrtum, oft notwendig aus Unrecht entspringt. Eitelkeit und Stolz fördern das Bedürfnis, aparte Originalität, persönliche Profilierung eher zu suchen als gewöhnliche, unoriginelle Wahrheit. Bequemlichkeit und Furcht vor Leid fördern jenes Wunschdenken, das die angenehmere, gemütlichere Lebenslehre der strengeren aber vielleicht wahreren vorzieht. Umgekehrt gibt es ein masochistisches oder pseudoheroisches Wunschdenken voller Hochmut und Eitelkeit, das die härtere Theologie auf Kosten der Wahrheit der milderen voranstellt.

Pluralismus ist aber auch in einem guten Sinne notwendig: Es

gibt wohl keine Reifung in der Glaubensgeschichte ohne Mißverständnisse und Umwege. Das zeigt sich auf anrührende Weise
in den meisten Heiligengeschichten, die uns im Detail bekannt
sind, angefangen von den Aposteln. Auch der Weg des Heiligen
Geistes ist oft der Umweg.

Der souveräne Intellekt

In einer Vorlesung über »Christentum und wissenschaftliche
Forschung« spricht Newman über ein Merkmal des souveränen
Intellekts: »Wenn er in seiner Philosophie einen Grundsatz als
Kardinalpunkt vertritt, so ist es der, daß die Wahrheit der Wahrheit nicht widersprechen kann; hat er einen zweiten, so heißt er:
Die Wahrheit steht oft scheinbar mit der Wahrheit in Widerspruch; der dritte käme auf die praktische Schlußfolgerung hinaus, daß wir solchen Anschein geduldig ertragen müssen und
nicht vorschnell die Behauptung wagen dürfen, er sei wirklich
von gefährlicher Natur.«[17]

In den sogenannten unmöglichen Berufen des Erziehers, des
Politikers, des Seelsorgers und des Arztes, aber auch im unmöglichen Beruf des gewöhnlichen Menschen sieht sich ein jeder vor
unvereinbare Widersprüche gestellt. Der geistige Weg der Christenheit durch die Geschichte ist geradezu gekennzeichnet durch
die andauernde Aufarbeitung von zunächst unlösbar scheinenden Widersprüchen. Angefangen von der Frage nach der Weiter-
geltung des mosaischen Gesetzes in der ersten Generation der
Judenchristen bis zu den Unvereinbarkeiten zwischen bibli-
schem Weltbild und Naturwissenschaft, die unsere Großväter
beunruhigten und heute noch jene, die das neunzehnte Jahrhundert nicht verlassen können. Seit dem Zweiten Vatikanischen
Konzil dringt ein, sagen wir, ungewohnter Pluralismus in die
katholische Christenheit ein, weil es ihr schwerfällt einzusehen,
wann und warum die Kirche auch dort eine verpflichtende Lehr-
autorität behält, wo und wenn sie bewußt nicht mit dem Anspruch der Unfehlbarkeit spricht und sich also in der Gefahren-
zone des Irrtums bewegt. Vor allem für Seelsorger ist jener Pluralismus in der Abweichung vieler Moraltheologen von den

Eheenzykliken eine quälende Gewissenslast. Sie mag oft mit leichter Hand abgeworfen werden, doch selten geschieht das mit einem guten und geklärten Gewissen.

Jeder von uns, der Kontakt hat mit Andersdenkenden und Andersgläubigen mag gelegentlich von Anwandlungen der Selbstgefälligkeit heimgesucht werden, in denen er seufzt: Wie nützlich wäre es doch für ihn, wenn er in diesem oder jenem Punkt versuchen würde, mich und meine Gedanken besser zu verstehen. Er könnte wirklich etwas von mir lernen. Diese Anwandlung mag in manchen Fällen Wahres an sich haben. In jedem Fall aber ist sie wohl auch umkehrbar: Jene »Feindesliebe«, die sich bemüht, die mit den meinen unvereinbaren Gedanken anderer besser zu verstehen und auf ihren Wahrheitsgehalt hin abzuklopfen, wird großen Gewinn eben aus dem Pluralismus der unvereinbaren Gegensätze ziehen können, einen Gewinn, den es ohne diesen Pluralismus nicht gäbe. Die Synthese über Antithesen ist nur um den Preis des ernsten Eindringens in beide zu haben.

Dialektik hilft dem Glauben

Wie die Geschichte des Schwärmertums und Sektenwesens, aber auch die Kenntnis der großen Konfessionen beweist, hindert die Heilige Schrift den frommen Leser nicht an den absurdesten Auslegungen.[18] Man könnte fast sagen, sie fördere sie eher, weil sie oft auf das von ihr Gemeinte in schroffen Bildern und scharfen Gegensätzen hinweist, die sich nur einpendeln, wenn man das Gegensätzliche gleichzeitig im Sinn hat und dies immer vor dem Hintergrund des Ganzen. Das kann kein einzelner Mensch.

Spätestens seit dem zwölften Jahrhundert ist der Pluralismus als ein bewegendes rechtmäßiges Element des christlichen Geistes und der theologischen Methode erkannt worden. Peter Abaelard hatte in seinem Werk »Sic et Non« einander widersprechende Sätze der Schrift und der großen Theologen gesammelt, um im scheinbar Unvereinbaren entweder das Falsche zu verwerfen oder eine Synthese zu finden, die den Gegensätzen gerecht würde. Thomas von Aquin fand diese Methode so fruchtbar, daß er die Philosophie und Theologie in entscheidbaren Fragen formulierte, die er zunächst alle in einander widersprechenden Aussagen zu beantworten suchte, um schließlich eine Lösung zu finden.

Diese Methode haben wohl zunächst die griechischen Juristen der Antike entdeckt, als sie die Kontroverse der Parteien und Anwälte vor dem Richter als vorzügliches Mittel der Wahrheitsfindung erkannten. Diese »dialektische« Juristenausbildung ist eine Wurzel der griechischen Sophistik, die auf ihre Weise den Widerspruch als großen Beweger in die Philosophie einbrachte.

Gewinn durch Pluralismus

Ich will die Frage ins Psychologische wenden: Was bringt uns Pluralismus? Welches Interesse könnten wir an ihm haben? Ist es gut, daß man in so vielen Dingen verschiedener Ansicht sein kann?

In der Wissenschaft ist Pluralismus ein notwendiges Element, weil zwei widersprüchliche Hypothesen oft mehr Chancen der Wahrheitsfindung eröffnen als eine unangefochtene, auch in der Theologie. Im moralischen Leben kann Pluralismus eine Vermehrung der Freiheit und eine Verminderung von Angst bedeuten. Daß im fünfzehnten Jahrhundert der Dominikaner Bartholomäus von Medina den Probabilismus als eine neue Entscheidungstheorie in Gewissenskonflikten erfunden hat, die althergebrachten Entscheidungsregeln der Moral zunächst zu widersprechen schien, hat der Erziehung und Seelsorge unschätzbare Möglichkeiten der Minderung von Gewissensangst gebracht und der Theologie Mut gegeben, neue und notwendige Gedanken zu wagen. Es ist der Widerspruch und die Frage, die für das Einpendeln sorgen.

Daß Thomas von Aquin gegen das kirchliche Verbot an Aristoteles festgehalten hat; daß die Naturwissenschaft hartnäckig auf ihrem Widerspruch gegen Weltbildelemente der Bibel bestanden, daß die Medizin kirchliche Sektionsverbote unter Lebensgefahr durchbrochen hat; daß der Jesuit Friedrich von Spee im Widerspruch zu Irrtümern und Weisungen der Amtskirche gegen Unsinn und Unrecht der Hexenprozesse protestierte; daß Generationen von Bibelwissenschaftlern geduldig in dem Widerspruch – iusta murmuratio nennt das die Benediktinerregel – fest geblieben sind gegen alle römischen Maßregelungen: Alles das sind Beispiele für die Notwendigkeit energischer Kritik zur Entfaltung der Wahrheit. Das größte Beispiel ist der dramatische Kampf, in dem in der Kirche sich die Einsicht in das Menschenrecht der Religionsfreiheit durchgesetzt hat.

Das alles heißt freilich nicht, daß der Widerspruch gegen die geltende Lehre sozusagen von vornherein schon den Verdacht des Besseren für sich hat. Das ist ein Pubertätsglaube. Oft genug verdient der »Starrsinn« der Autoritäten Anerkennung und Dankbarkeit, weil er sich eines Tages als Treue zur Wahrheit und zur Vernunft erweist. Auch Autoritäten können im Recht sein.

Gefahr im Pluralismus

Meinungsvielfalt ist eine oft übermächtige Versuchung. Die Überfülle der bedrängenden Widersprüche zwingt uns schier dazu, mit dem Hammer zu philosophieren, weil wir für geistige Filigranarbeit weder Zeit noch Kraft haben. Sie zwingt uns, Argumente anderer, hinter denen vielleicht Jahrzehnte des Nachdenkens stehen, nach einem kurzen Blick vom Tisch zu wischen, ohne sie überhaupt wirklich bedacht und verstanden zu haben. Das intellektuelle Urteilen ist unvermeidlich oft das Schnellgericht einer Ayathollajustiz, oft auch überheblich, verletzend und ohne die geschuldete Achtung vor dem Gegner – off with his head! Kein Mensch kann auch nur die wichtigsten Lebensfragen auf rationale Weise sorgfältig prüfen, wie der Richter seine Akten prüfen sollte, ehe er urteilt. Diese Aktenberge scheinen so zeit- und raumsprengend, daß man solche hoffnungslos kontroversen Probleme besser mit Würfeln als mit Nachdenken entscheidet. So ist es nicht, aber so fühlt es sich für unsere Ratlosigkeit an. Die Flucht in die Killerphrasen, die mit »bekanntlich« beginnen, scheint unausweichlich.

Das Grundgefühl, Christ sein heiße, vor allem recht viel Unfug glauben zu müssen, angefangen von der Dreifaltigkeit über die Wunderberichte des Neuen Testamentes, die Gegenwart des Gottessohnes in Brot und Wein, bis zur ärgerlichen Ehemoral der Enzykliken, hat auf den ersten Blick viel für sich. Es braucht viel Denkarbeit, Seelenarbeit, Bescheidenheit, leidvolle Lebenserfahrung und vor allem sehr viel gnadenhafte Aufklärung der tiefen Schatten, um schließlich das Evangelium und die Kirchenlehre nicht »nur« zu glauben, sondern auch in vielem als überwältigend sinnvoll, als ein Kabel von Wahrscheinlichkeiten und als weise einsehen zu können. Der »Unfug« des Glaubens, den Juden ein Ärgernis, den Griechen eine Torheit, könnte das einzig mögliche Pharmakon sein, das den handgreiflichen Unfug der Weltgeschichte, Leid und Schuld, Sterben von kleinen Kindern, unentbehrlichen Müttern, oder die Selbstzerfleischung der Menschheit in Kriegen wieder zum Sinn und zum Heil zu wenden. Dennoch: Wirklichen Unsinn glauben ist nicht nur dumm, sondern unmoralisch. Unter keiner beschönigenden Vokabel, etwa der des Paradoxes, ist uns dies erlaubt. Das Gewissen besteht auf Vernunft, das heißt auf einer Wahrheit, die sich nicht selbst widerspricht.

Die Einheit der Christenheit besteht darin, daß Christen Gleichgesinnte Jesu Christi sein wollen, mit Ihm Einverstandene.

Ohne diese Absicht verliert der Name »Christ« seinen Sinn. Dieses Ja enthält notwendig ein entscheidendes Nein. Wer Christ sein will, will nicht in Widerspruch stehen zu diesem Jesus Christus. Solche Bereitschaft zu Ja und Nein ist das ökumenische Band der Einheit aller Christen.

Kein Wissen ohne Glauben

Glaube ist ein in Leben und Wissenschaft unersetzlicher Weg aus dem eingeschränkten Horizont der eigenen unmittelbaren Sinneserfahrung und des eigenen Gedächtnisses. Alltagserkenntnis und Wissenschaft haben es mit zwei und nur mit zwei Arten von Gegenständen zu tun: mit unmittelbar in Erfahrung oder Einsicht Gegebenem und mit Nicht-Gegebenem.[19] Vom einen zum anderen führen zwei Brücken, auf keine können wir verzichten.

Die eine ist das logische Schließen. Dessen Möglichkeiten sind aber eng begrenzt, weil zahllose für uns wichtige Informationen nicht auf diesem Wege, sondern nur durch irgendeine Art des Glaubens zu erreichen sind; vor allem das Innere, das Bewußtsein unserer Mitmenschen und das »Bewußtsein« Gottes. Dieses Nicht-Gegebene, also die wichtigsten und höchsten aller Erkenntnisgegenstände, erreichen wir nur über die Brücke des Glaubens. Phantasie und Vermutung führen zwar auch nicht nur in die Märchenwelt, aber niemals zu begründeten Überzeugungen.

Wenn wir, wie die Meinungsforscher, Gläubige auf der ganzen Welt fragen würden, warum sie glauben, wären viele Antworten unbefriedigend, wie man z. B. in Dokumentationen wie der von Walter Jens »Warum ich ein Christ bin« leicht feststellen kann.

Das liegt auch, aber nicht nur daran, daß die Gesamtheit der Gründe ähnlich schwer in die Ebene bewußter Reflektion und Aussage gehoben werden kann wie die Gründe für unsere Alltagsgewißheiten.

Für den Psychologen ist es nicht einmal leicht, die oberflächlichen Gründe des Glaubens zu erfassen: Beeinflussung durch Umwelt oder Auflehnung gegen sie, Loyalitäten und Abhängigkeiten von geliebten und gehaßten Autoritäten und Vorbildern; Imponiereffekte wechselnder wissenschaftlicher Meinungen und Vorurteile. Wunschdenken – eine sehr globale Vokabel für vielfältige Zusammenhänge, das ebenso den Glauben wie den Unglauben motivieren kann. Der Wunsch ist der Vater sehr gegensätzlicher Gedanken.[20]

Diese Art von Erforschung der Glaubensmotive führt trotz und in aller Tiefenpsychologie fast nur zu interessanten Trivialitäten. In das eigentliche Wurzelgeflecht von Überzeugungen des Wissens wie des Glaubens gewinnt die Psychologie, die trotz aller Psychoanalyse kein psychologisches Elektronenmikroskop besitzt, wenig Einblick. Es ist zu verzweigt und subtil. So kann das Folgende auch nur in Vermutungen bestehen, die der Leser durch Vergleich mit seiner eigenen Glaubensgeschichte bestätigen oder unzutreffend finden oder weiterführen mag. Ich weiß auch nicht, wie weit meine Erfahrungen verallgemeinert werden dürfen.

Mancher Leser wird mit Mißbilligung bemerken, daß ich meist einen recht eingeschränkten »intellektuellen« Glaubensbegriff benutze, der dem biblischen Wort nicht voll gerecht wird. Ich darf das hier tun, weil auch der Vollsinn des Wortes »Glauben« verschwinden würde, wenn man seinen intellektuellen Sinn: für wahr halten, was ein anderer mitteilt, weglassen wollte. Auch der Vertrauensglaube der Reformatoren enthält dieses Element.

Die von mir zitierte »altmodische« Definition des Glaubens findet ihren Platz in einer anderen, von Karl Rahner benutzten, die »das Wesen des Glaubens als das vertrauensvolle und offene Verhältnis zum Ganzen der Wirklichkeit« beschreibt. Überhaupt führen Rahners philosophische und theologische Gedanken über Glaube und Glaubensgewißheit auch in eine weit tiefere anthropologische Begründung, als sie von der Psychologie her möglich ist.[21]

Der evangelische Theologe Wolfhart Pannenberg schreibt: »Auch die Annahme von strittigen, für andere unglaubhaften Nachrichten wie der jungfräulichen Geburt, der Auferstehung oder Himmelfahrt Jesu ist noch nicht Glaube. Erst das unbedingte Vertrauen auf Jesus und auf den durch Ihn offenbaren Gott kann mit Recht Glaube heißen. Aber solches Vertrauen schließt in sich auch ein Für-wahr-Halten, von dem es nicht getrennt werden und ohne das es nicht bestehen kann.«[22]

Dies erscheint mir als eine ökumenische Formulierung, in der die großen Konfessionen ganz übereinstimmen.

Das Zentralste bleibt, daß Glauben ein vertrauensvolles Sichverlassen auf einen anderen ist, also die Beziehung zu einer Person oder zu Personen. Es hat wenig Sinn, sich die »Wahrheiten des Christentums« sozusagen als Lebensweisheiten hinter dem Rücken Jesu Christi erschleichen zu wollen, um sie dann aus eigener Zuständigkeit zu bestätigen. Die entscheidend christlichen Wahrheiten werden wertlos und grundlos, wenn man versucht, sie von der verbürgenden Person zu lösen. Wenn ich Vergebung der Sünden nicht aus seiner Hand annehmen, ewige selige Zukunft nicht von ihm empfangen will, hören beide auf, Wahrheiten zu sein. Sie sind nicht Kapitel einer Seinslehre. Platos Unsterblichkeit der Seele ist nicht gemeint. Dennoch: Jesus ist nicht der einzige Prophet in der Weltgeschichte. Er ist auch nicht der einzige Heilige. Aber er ist der einzige Heiliger.

Die psychologische Erfahrung, auf die ich mich im Folgenden berufe, beschränkt sich natürlich nicht nur auf Patients und Menschen, mit denen ich persönliche Gespräche führe. Psychologische Erfahrung muß immer versuchen, die seelischen Erscheinungen dort anzuschauen, wo sie in der klarsten und am höchsten entwickelten Form gegeben sind. Das ist oft der Fall in den Selbstbiographien, Briefen und anderen Lebenszeugnissen bewußt religiös lebender Menschen, der Heiligen, der Ketzer, der den Glauben Verlassenden und der Ungläubigen, die sich über ihren Unglauben Rechenschaft geben. Es ist aber unmöglich, in einem kurzen Aufsatz ausreichend Beispiele oder gar Belege zu geben.

Die Zukunft einer Illusion

In seinem religionspsychologischen Aufsatz »Die Zukunft einer Illusion« fragt Sigmund Freud nach der psychologischen Bedeutung »religiöser Vorstellungen«. Er kommt zu dem Ergebnis, »daß gerade diejenigen Mitteilungen unseres Kulturbesitzes, die die größte Bedeutung für uns haben könnten, denen die Aufgabe zugeteilt ist, uns die Rätsel der Welt aufzuklären und uns mit den Leiden des Lebens zu versöhnen, daß gerade sie die allerschwächste Beglaubigung haben«. Freud macht das deutlich durch einen Vergleich mit dem Satz »Konstanz liegt am Bodensee«[23] und mit der guten Beglaubigung, die er hat.

Freuds Vorwurf trifft den Glaubenden hart; denn er hält den Glauben gerade für das, was unter allem Beglaubigten eine unübertrefflich starke Beglaubigung hat, die zur Gewißheit führen kann. Glaube ist nicht nur, aber zunächst, eine Erkenntnisweise, die nicht auf eigenem Wissen, sondern letztlich auf dem Wissen eines anderen beruht: Ich glaube dir, was du weißt und mir sagst.

Wie kann dieses Glauben vernünftig gerechtfertigt sein? Wie kann es zur Gewißheit führen?

Wenn ein Patient sich vorstellt, seine Symptome schildert, seine Lebensumstände und -geschichte erzählt, glaubt ihm der

Arzt zunächst, weil er Glaubwürdigkeit in dieser Situation in der Regel voraussetzen kann. Solcher Glaube führt zu einer mehr oder minder hohen Wahrscheinlichkeit, selten zur Gewißheit, weil Simulation und Irrtum nicht immer auszuschließen sind. Diese Art des natürlichen Glaubens macht einen sehr großen Teil unserer Alltagserkenntnis aus. Er ist die Grundlage der Urteilsfindung im Gerichtsprozeß. Auf ihm beruht ein Großteil aller historischen Sicherheiten, die sich auf Aussagen von Quellenzeugnissen stützen. Das später folgende Beispiel aus der »Kasuistik« der Bibel, die noch viele andere enthält, soll nur zeigen, wie dieses schlichte Vertrauen auf Berichte von Augenzeugen auch in den religiösen Glauben eingeht.

Natürlicher und erlösender Glaube

In der bewegenden Darstellung eines Glaubenszerfalls, der schon zitierten Selbstbiographie von Edmund Gosse: »Vater und Sohn« steht ein Satz, der das Problem unseres Themas ins grellste Licht rückt: »Mein Vater hatte wirklich den erlösenden Glauben, der Berge von wissenschaftlichen Gegenargumenten versetzen konnte und auch bei Rückschlägen und Enttäuschungen keine Einbuße erlitt. Ich dagegen – ich begann es damals dunkel zu fühlen und sehe es jetzt klar – hatte es nur so weit gebracht, der mir so hartnäckig eingehämmerten Lehre eine Art natürlichen Glaubens zu schenken. Es lag in der Art dieses Glaubens, daß er im Tau und im Sonnenschein von Leben, Denken und Erfahrung dahinschmelzen und verdunsten mußte.« (S. 235)

Die Unterscheidung zwischen »wirklich erlösendem Glauben« und »natürlichem Glauben«, wie wir ihn einer Geschichte schenken, die wahr sein mag, klingt spitzfindig. Viele Christen sind heilfroh, wenn sie, den Wind von Zweifel und Widerspruch im Gesicht, sich gerade noch am Glauben anklammern können. Die peinliche Unterscheidung des Schriftstellers und seine Feststellung, daß »diese Art Glauben im Tau und im Sonnenschein von Leben, Denken und Erfahrung dahinschmelzen und verdunsten mußte«, ist aber nicht nur sein privates Schicksal und seine Erfahrung, sondern biblische Lehre (z. B. Mt. 3,13) und Überzeugung der großen Konfessionen, die nicht leicht klarer formuliert werden kann; sie wird von der Lebenserfahrung bestätigt.

Vielleicht zeigt Gosses schlichter Satz einen der Hauptgründe, die den Glaubensverlust zur Normalerscheinung werden ließen: »Natürlicher Glaube«, Wahrscheinlichkeitsglaube kann in unserer Welt nicht überleben.

Vielleicht liegt hier auch einer der Gründe für die Erfahrung der Psychotherapeuten, daß viele Christen aus ihrem Glauben in Krankheit, in Depression und anderer Lebensnot und auf dem Heilungsweg erstaunlich wenig Gewinn zu ziehen wissen.[24] Schließlich liegt hier wohl auch eine Erklärung, daß dieser Glaube nicht nur im Tau und Sonnenschein des Lebens, sondern auch im Besinnungsprozeß der Psychotherapie häufig verdunstet. Das muß nicht an destruktiven Tendenzen des Psychotherapeuten und seiner Methode liegen, sondern eben an der Gebrechlichkeit dieses natürlichen Glaubens.

Muß der Glaube gewiß sein?

Gehört wirklich Gewißheit unabdingbar zum eigentlichen Glauben? Oder darf unsere Zeit einen mündigeren Glaubensbegriff entwickeln, der unserer philosophischen Unsicherheit entspricht und sich mit Wahrscheinlichkeit zufrieden gibt? Bei John Henry Newman, der sich wie kein anderer lebenslang auch mit den psychologischen Problemen des Glaubens auseinandergesetzt hat, finden wir die Feststellung: Oberflächliche Religiosität ist mit Wahrscheinlichkeit zufrieden, echte und tiefe fordert Gewißheiten; Gewißheiten der religiösen Grundwahrheiten; wahrscheinliche Meinungen bei der Theologie. «[25]

Diese Auffassung Newmans bestätigt auch heute noch mindestens die katholische Theologie; sie zieht daraus eine höchst verblüffende Folgerung, daß jemand, »dem die notwendige Gewißheit über die Wirklichkeit der göttlichen Offenbarung noch fehlt, nicht nur zum Glauben nicht verpflichtet ist, sondern umgekehrt sich verfehlen würde, wenn er trotz der fehlenden Gewißheit schon zu einer festen Glaubenszustimmung übergehen wollte; ein solcher ›Glaube‹ wäre für das ›Heil‹ des Menschen wertlos«.[26] So J. de Vries.

Glauben als unerlaubtes, heilloses Verhalten – das ist eine ungewohnte Vorstellung. Der Autor begründet diese Auffassung so: »Eine feste Zustimmung ist gerechtfertigt, wenn sie durch evidente Gründe gestützt wird. (Wir verstehen hier Evidenz in dem weiten Sinn als jedes Sich-zeigen eines Sachverhaltes durch Gründe, die das Nichtsein des Sachverhaltes ausschließen, mögen diese Gründe nun Gründe der Erfahrung, der apriorischen Einsicht, der Schlußfolgerung oder eines glaubwürdigen Zeugnisses sein.«) S. 173.

Der Satz sei durch ein Beispiel illustriert: Wenn ich sage, ich lebe und erlebe jetzt; sowohl mein Leben als auch mein Erleben hat zureichende Gründe; dann ist das Gegenteil, das Nichtbestehen der Sachverhalte, durch meine evidente Selbsterfahrung und, für den zweiten Satz, durch die Einsicht in das Prinzip vom zureichenden Grund ausgeschlossen.

Wenn ich überzeugt bin, Sigmund Freud habe »Die Zukunft einer Illusion« geschrieben, dann kann ich das nicht in einer evidenten unmittelbaren Erfahrung begründen, wohl aber durch Hinweis auf ein, übrigens schwer zu analysierendes, Netz von konvergenten Indizien, nicht zuletzt durch die Glaubwürdigkeit des Verfassers, der sich als Autor angibt, und das Gegenteil sicher ausschließen. Der Weg ist hier ein zur Gewißheit führender komplizierter Konvergenzbeweis, der alltägliche Glaubenselemente enthält.

Die Theologen bestehen also darauf, daß der heilsnotwendige Glaube eines Tages »fest« sein müsse. Fester Glaube sagt: Was ich glaube, kann im wesentlichen nicht falsch sein, *weil es durch die Autorität Gottes verbürgt ist.*

Von allen Übeln, die den Menschen heimsuchen, ist kaum eines gefährlicher als leichtfertiger und irriger Glaube. Der Hinweis auf Nationalsozialismus, Stalinismus und Hexenglaube mag hinreichen. So scheint die Strenge der katholischen Theologie, die aus moralischen Gründen eine vernünftige Rechtfertigung des Glaubens verlangt, sehr begründet. Leichtgläubigkeit richtet Unheil an.

Die Formel von de Vries »Zustimmung ist berechtigt, wenn durch evidente Gründe gestützt«, weckt dennoch Bedenken. Einmal scheint sie Glauben für das Ergebnis eines Beweisverfahrens zu halten[27] – was ja sicherlich falsch ist. Denn kein Beweis führt in das verborgene Innere eines anderen. Ferner scheint sie zu verkennen, daß viele Gläubige eben darum glauben, weil sie aus den verschiedensten und meist unreflektierten Gründen das Christentum für die wahrscheinlichste, einleuchtendste, liebenswerteste oder nächstliegende aller Religionen halten.

Philippos, oder: Gibt es evidente Gründe?

Wenn wir einen möglichst einfachen Fall von entstehendem Glauben prüfen wollen, der mit unserer eigenen Situation in etwa vergleichbar ist, finden wir ein gutes Beispiel in der Apostelgeschichte (8, 26 ff). Philippos, ein Jünger Jesu, hält wie ein Tramper an einer Wüstenstraße von Jerusalem nach Gaza den Reisewagen eines äthiopischen Beamten an, eines Jerusalempilgers, der auf der Fahrt laut in der Bibel liest. In der Antike war leises Lesen so ungewöhnlich, daß Athanasius wegen eines Kehlkopfleidens das Lesen aufgeben mußte.

Auf Befragen gibt der Äthiopier zu, daß er den Text des Propheten Isaias nicht versteht und bittet den unbekannten Anhalter, einzusteigen und ihm den Text zu erklären. Ausgehend von Isaias, »verkündet ihm Philippos die gute Botschaft von Jesus«. Daraufhin erbittet der Reisende an einer Wasserstelle die Taufe. Philipp stellt eine Bedingung: »Wenn du glaubst von ganzem Herzen, geht das.« Der andere antwortet: »Ich glaube, daß Jesus Christus der Sohn Gottes ist.«[28]

Das ging schnell. Offenbar hat Philipp kurz Leben, Lehre, Tod, Auferstehung Jesu beschrieben und die Geschehnisse als Erfüllung der dem Reisenden bekannten Prophetien des Alten Testamentes gedeutet.

Wo sind die »evidenten Gründe«, welche dem Glaubenden diesen Bericht beglaubigen? Wodurch ist das Gegenteil sicher ausgeschlossen? Die Möglichkeit liegt doch nahe, der unbekannte Gast könne ein Schwärmer, ein Wahnkranker, gar ein die

Vertrauensseligkeit des heilsbegierigen Proselyten ausbeutender Betrüger sein, der Gerüchte und erhitzte Phantasien als authentische »Protokollsätze« verkauft. Warum durfte der Pilger annehmen, daß Philippos ein direktes Wissen von Jesus besaß, mit dem er als Jünger gewandert war, von seinem Tod und von seinem Erscheinen nach dem Tod? Warum durfte er überzeugt sein, daß sein Reisegast ihn in der Jesusgeschichte mit der Autorität Gottes konfrontierte, dem allein der Mensch absoluten Glauben schuldet – nicht schenkt –, weil nur die Gottheit selbst nicht irren und nicht täuschen kann?

Daß zur Glaubensgewißheit als Motiv die Autorität Gottes wesentlich gehört, ist eigentlich selbstverständlich. Glaube gibt es nicht ohne Autorität eines, der weiß. Wenn ich einem Mitmenschen glaube, tue ich das auf seine »Autorität« hin. Auf wessen Autorität hin sollte ich Gewißheit in bezug auf das Göttliche und auf meinen Heilsweg erreichen: auf die Autorität von Rudolf Steiner, von Aurobindo, von Bhagwan? Das wäre verrückt, wenn einer nicht triftige Gründe hätte, diese Leute für die von der Gottheit selbst belehrten Vermittler zu halten – womit wir wieder bei der letzten Autorität angelangt wären. Es gibt keine andere absolut glaubwürdige, weil alle Menschen in Wahn geraten, irren und lügen können.

Ich möchte die Frage zuspitzen: Offensichtlich konnte und durfte er irgendwie dem Philippos vertrauen, wenn und weil von diesem die unbeschreibliche Atmosphäre des lauteren, glaubwürdigen Menschen ausging, »an dem kein Falsch ist«. Wer selbst wahrheitsliebend, kritisch, welterfahren und kein Einfaltspinsel ist, kann einen sechsten Sinn für aufrichtige Mitmenschen entwickeln. Aber dieser Sinn ist nicht unfehlbar. Solches Vertrauen kann voll gerechtfertigt sein, aber es ist selten ganz ohne Risiko, schon gar nicht bei ganz kurzer Bekanntschaft.

Glauben als Risiko, als Wagnis klingt zwar irgendwie dramatisch und ein wenig heldenhaft. Ungewißheit, Wagnis und Abenteuer können sehr anziehend sein – aber wie verträgt sich das mit Sicherheit?

Glaube geht oft vernünftig und mit rechten Dingen zu. Freud hat sicher die »Zukunft einer Illusion« geschrieben, obwohl wir das nur von ihm, der es als einziger sicher wußte, auf Treu und

Glauben annehmen müssen. Aber weder das Zeugnis des Philipp noch seine persönliche Glaubwürdigkeit sind selbst die Autorität des wahrhaftigen Gottes, sondern allenfalls das Medium, in dem uns diese Autorität erreicht. Die Gründe, die hier den Glauben des Pilgers rechtfertigen, mögen wohl für ihn moralisch nötigende Gründe gewesen sein. Er sollte und mußte vielleicht dem Philipp glauben, wenn er gewissenhaft handeln wollte. Er durfte es auch »aus ganzem Herzen« tun und so seiner Sache sicher sein. Trotzdem scheint es sich eher um eine Zustimmung aus einer persönlichen Betroffenheit ohne nüchterne Prüfung zu handeln. Ist dies eine eigentliche Glaubensgewißheit, die sich nicht mehr nur auf fehlbare Menschen stützt? Hat der Äthiopier evidente Gründe?

Der Glaube der Kinder und Unmündigen

Nun wird dieses Sich-stützen auf evidente Gründe von den Theologen nicht so rationalistisch verengt, wie das Wort nahelegt. Sie geben natürlich zu, daß ein Kind aufgrund der Glaubwürdigkeit seiner Eltern und Erzieher einen festen Glauben haben kann, »obwohl dieses Urteil durch deren Autorität objektiv nicht hinreichend begründet ist«. (176)[29]

Der Satz ist von großer Tragweite, weil er natürlich für alle Kinder in der Welt und in der Geschichte gilt, für alle Unmündigen, auch wenn sie von ihren Eltern zu anderen Religionen und Überzeugungen geführt werden; solange das Kind noch nicht selbst in der Lage ist, eine Irreführung durch die Eltern zu erkennen, müßte sein Glaube als »erlösender Glaube« anerkannt werden.[30]

Weitere Fragen bleiben offen. War der Mann, der zu Jesus sagte: »Ich glaube, hilf meinem Unglauben!« kein Glaubender? Sind die so zahlreichen Christen, die heute nicht auf evidente Gründe hin glauben, sondern von einem unentwirrbaren Motivbündel, von Eindrücken, Anmutungen, Loyalitäten usw. geleitet, keine wirklichen Christen?

Was gilt für Geistesschwache und andere zu selbständigem Urteil Unfähige, also für sehr viele?[31]

Es gibt also Glauben, der fest und gleichzeitig »objektiv nicht hinreichend« begründet ist, d. h. hier, die objektiv hinreichenden Gründe gibt es, aber sie werden vom Glaubenden nicht voll erfaßt. Die Analogie zur weltlichen Wissens- und Glaubensgewißheit liegt auf der Hand. Wir sagen oft mit Recht: Das kann nicht falsch sein, obwohl wir die objektiv hinreichenden Gründe nicht voll überblicken.

Für den äthiopischen Pilger ist freilich Philippos nicht der einzige Bürge. Er ist ja nach Jerusalem gezogen, weil er gehört hatte, daß dort ein Volk sei, dessen Gott den Anspruch erhebe, über alle nationalen Grenzen hinaus Herr der Welt und Freund aller Völker zu sein. Er hatte die Schriften studiert und das lebendige und das schriftliche Zeugnis eines ganzen Volkes als einen Strom von Wahrheitsüberlieferung erfahren. Er hatte diesem Gott aller Götter gehuldigt und seine Huld erfleht. Er hatte vielleicht gerade in dem Propheten Isaias, den er eben las, eine besondere Botschaft für sich selbst gefunden, die auch dem Fremden und selbst ihm, dem Eunuchen, die Gemeinschaft mit diesem Gott und das Heil ausdrücklich zusprach. (Isaias 56,3) Wir dürfen auch annehmen, daß einem Proselyten in Jerusalem die Messiaserwartung als Mittelpunkt des Gesetzes und der Propheten nicht verborgen bleiben konnte. Die daran anknüpfende Schilderung des Jesus als des durch Wundertaten und Auferstehung, durch Lehre und Werke ausgewiesenen Heilsbringers genügte für ihn, um den unabweisbaren Eindruck zu gewinnen: In dem Gesamt all dieser inneren und äußeren Erfahrungen, in diesem Gewebe ist die Autorität des fordernden Gottes selbst sichtbar. Ihr muß ich gehorchen. Ich könnte vielleicht noch anders, ich könnte noch Einreden ausdenken, aber ich darf nicht anders. Ich bin am Ziel meiner Pilgerreise: O Jerusalem!

Jesus Christus selbst ist das einzig zureichende und einzig notwendige »Argument«. Anders als alle anderen Propheten und religiösen Lehrer hat er seine Hörer aufgefordert, sich auf ihn zu konzentrieren. Alle anderen Propheten weisen von sich weg. Er will die eine Frage provozieren, die Frage nach Ihm selbst: »Wer ist das, dem Wind und Wellen gehorchen?« Freilich ist er für uns Heutige nur zugänglich durch das Medium der Gesellschaft seiner Freunde durch die Jahrhunderte. Dennoch verweisen alle diese Freunde wiederum nicht auf sich oder auf »etwas«, sondern auf Ihn; den sie zwar gelegentlich vielleicht schwerer verständlich darstellen als nötig, aber insgesamt doch auch nicht unverständlich werden lassen. Franz von Assisi, der Bettler, Thomas Morus, der Humanist und Politiker, Tersteegen und Bonhoeffer waren sehr verschieden strukturierte Persönlichkeiten. Aber der Christus, auf den sie hinweisen, ist unverkennbar derselbe. Das gilt auch von den Frauen, welche die ersten Nachrichtenbringer der Auferstehung waren, über so ausgeprägte und verschiedenartige Temperamente und Charaktere wie etwa Jeanne d'Arc, Katharina von Siena, die große spanische Teresa und die »kleine« von Lisieux. Sie alle hatten verschiedene Gründe für ihren Glauben, aber schließlich doch auch alle einen letzten evidenten Grund in der Person des Jesus Christus.

»Der Glaube muß sich schließlich auf Einsicht und Vernunft zurückführen lassen, wenn wir es nicht mit den Phantasten halten wollen.«[32] Was sagt dieser so rationalistisch klingende Satz Newmans?

Glaube ist Anteilnahme am *Wissen* eines anderen.[33] Der Glaube des Christen aller Konfessionen stützt sich auf seine Teilhabe an dem Wissen Jesu Christi, das uns nur zugänglich ist durch seine eigene, von seinen Zuhörern mündlich und schriftlich bezeugte und von Generationen überlieferte Mitteilung dieses seines Wissens. Glaubensgewißheit ist nur dann möglich, wenn es bei Jesus eine untrügliche Wissensgewißheit gibt. Es muß feststehen, daß Er die Mitteilung des Vaters ohne Möglichkeit des Irrtums richtig versteht, zutreffend vermittelt. Dies behauptet Er von sich, wir können es nicht nachprüfen, sondern sind gänzlich auf seine Glaubwürdigkeit angewiesen. Ich weiß nicht, ob Jesus für sich Irrtumsfreiheit in Alltagsdingen beansprucht. Aber in seinem Gotteswissen spricht er immer wie ein Augenzeuge unter Eid. Eben das bedeutet das häufig der Rede vorgesetzte »Amen, Amen, ich sage euch«: die Wahrheit und nichts als die Wahrheit! Das ist der Punkt, wo die Entscheidung auf Messers Schneide steht, ob ich den ungeheuerlichen Autoritätsanspruch, den Er stellt, von Ihm annehmen kann. Ein in bezug auf die göttlichen Dinge und den Heilsweg irrtumsfähiger Jesus wäre immerhin noch als ein Weiser erwägenswert, aber Glaubensgewißheit könnte Er durchaus nicht vermitteln.

Christlich glauben heißt also, sich auf das Wissen des Jesus Christus verlassen als auf ein Wissen, das nicht falsch sein kann. Es heißt aber unvermeidlich auch: der Überlieferung zustimmen als einer Vermittlung dieses Wissens, die im wesentlichen nicht falsch sein kann. Sicheres Glauben setzt voraus, daß die »Essentials« Jesu Christi zuverlässig zu uns transportiert wurden. Dies bringt das Problem der Unterscheidbarkeit der *authentischen* Tradition von den die Mitteilung des Jesus verändernden Zutaten, Wegnahmen und Fehldeutungen mit sich, also das Problem Kirche und Kirchen.

Glaube steigt mit einem unbekannten Anhalter oder anderen Leuten ein, mit Eltern, Lehrern, Freunden, mit Kirche vor Ort. Die Gewißheit bildet sich anläßlich der interessierten, aufmerksamen und herzhaften Beschäftigung mit Leben und Lehre des Jesus, wenn einer Anlaß hat, dies der Mühe wert zu finden. Fraglos und wunschlos Reisenden wird sie eher selten zuteil werden, weil fragloses Existieren eines ist, das nicht oder nicht so genau wissen will. Gegen Nichtwissenwollen ist vorerst kein Kraut gewachsen. Aber vielleicht kann jeder irgendwann einmal den Protest der Unaufmerksamkeit und des Unwillens gegen Nachrichten, Tatsachen und Einsichten ermäßigen. Er kann Licht einlassen.

Sogar ganze Kulturen konnten das. Konvergenzgründe sind wie Glasbilder, die stumpf und grau bleiben, wenn sie nicht von einem Licht durchleuchtet werden.

Philippos als Zeitgenosse und Augenzeuge ist ja noch ein ungewöhnlicher Glücksfall. Bei dem Koreaner Kim, der als Kaufmann in Peking eine chinesische Übersetzung des Neuen Testamentes in die Hände bekam und nur aufgrund der Lektüre ein Glaubender wurde, ohne je einen Christen gesehen zu haben, ist das ganz deutlich; aber ebenso bei den Scharen von Indern, die von dem Zeugnis eines Mannes, Franz Xavier, entflammt und überzeugt wurden, ohne sich auf jene Beglaubigung durch Wunder stützen zu können, welche die Apostel und viele spätere Glaubensboten begleiteten. Wenn wir die methodischen Regeln der Geschichtsforschung nicht willkürlich von Fall zu Fall aussetzen, sobald uns Fakten nicht mehr in die Vorurteile passen, kann man mit genügender Aufmerksamkeit davon eine historische Evidenz gewinnen. Es käme auf einen Versuch an.[34]

Quellen der Gewißheit

Wie erreicht der heutige Christ Glaubensgewißheit? Wie kommt er zu dem Urteil wie dem, das der Christenheit gemeinsame apostolische Glaubensbekenntnis könne nicht falsch sein? In der Regel sicher nicht durch wissenschaftliche Analyse »objektiv hinreichender Gründe«.

Seine Sicherheit hat zwei Quellen. Der erste Satz des Credo: »Ich glaube an Gott, den allmächtigen Vater, Schöpfer des Himmels und der Erde« enthält die gemeinsame Überzeugung von drei Weltreligionen: Judentum, Islam, Christentum. Diesen Satz fest zu glauben, ist leicht und schwer zugleich:

Er weckt ein latentes intuitives Wissen des Menschen um sich selbst, in dem er der Abhängigkeit der Welt und seiner selbst von einem Absoluten inne wird. »Ich habe mich nicht selbst geschaffen« (Schelling). Glaube steht immer mit einem Fuß auf eigenem Wissen, das er freilegt.

Er weckt eine intuitive Einsicht in das Wesen Gottes als des Allmächtigen und in das Woher der Welt. Der Satz erlaubt dem Menschen, seiner geistigen Hauptdynamik, dem Prinzip vom zureichenden Grund, radikal zu folgen. Mit solcher Konsequenz tut das nur der Schöpfungsglaube. Das Prinzip vom zureichenden Grund gibt sich nicht mit dem Urknall zufrieden, es »hinterfragt« ihn.

Der Satz bestätigt mit dem Wort »Vater« das uns angeborene »Prinzip Hoffnung«, in dem der Mensch erfaßt, daß sein Dasein letztlich weder sinnlos noch ziellos noch verloren sein kann. Wir sind noch zu retten.[35]

Solange einer noch nicht vom Wildwasser seines eigenen Unwillens gegen Vaterschaft, Auctoritas, und von seiner Destruktionslust überschwemmt wurde; solange er weder von der Grundstimmung universalen skeptisch-depressiven Mißtrauens, in der wir aufwachsen, noch von dem Strudel der Frage nach dem Sinn von Leid und Schuld gefangen ist, meist also in der Kindheit, solange kann der Gottesglaube in ihm Gewißheit gewinnen und behalten, bis er auch diesen Strömungen standhalten kann, oft sogar dem eigenen Unwillen und Widerspruchsgeist. Diese Dinge sind es vor allem, die den leichten Glauben schwer machen.

Beginn jeder Glaubensgewißheit ist oft jene alles andere tragende Intuition, das eigene Dasein könne nicht ohne Bezug zum Absoluten zufällig und überflüssig in der Luft hängen.

Ein Kind, das hört, es sei von Gott geschaffen, glaubt den Eltern in dieser Mitteilung und in anderen, wenn sie durch Güte, Ernst und Aufrichtigkeit glaubwürdig sind. Es spürt aber gleichzeitig oft, daß diese Mitteilung nicht nur geglaubt werden muß, sondern die Fülle aller seiner kleinen und doch grenzenlosen Lebenserfahrungen zu einem stimmigen Ganzen zusammenschließt, ihm eine Einsicht von sich selbst in diesem Ganzen auftut, die im Glauben ein »Wissen« eröffnet.

Wer den Schatz dieser Intuition verteidigt, bewahrt sich einen Kernbereich von Glaubenssicherheit. Die zähe Hochschätzung der Glaubenseinsicht ist schon der Anfang der Glaubensfestigkeit, weil sie mit allen Zweifeln zwar höflich und korrekt, aber überaus gründlich und mißtrauisch umgeht, prüfend wie ein vorgewarnter Zollbeamter.[36]

Mit dem Festhalten der Schätzung des Glaubens steht und fällt in der Regel über die Lebensspanne auch die Glaubensgewißheit. Das ist der richtige Kern an Freuds Vermutung, Glauben sei eine Frucht des Wunschdenkens. Zweifel werden in dem Augenblick mächtig und übermächtig, in dem der Glaube nicht mehr als Glück und Gabe mit Dankbarkeit begrüßt wird, sondern als Last und Hindernis des Lebens erscheint, weil der Gott, den der Glaube vorstellt, als ungerecht, lieblos und hassenswert verdächtigt wird. Die schlichte, tiefe, auch nachdenklicher Reflektion standhaltende Sicherheit will festgehalten werden, um fest zu bleiben: Alles, was einen Schatten von Unrecht, Hassenswertem und Lieblosem an sich hat, kann unmöglich Gott sein. Alle Glaubenssicherheit geht vom Bleiben in diesem Licht aus. Alle Glaubensdunkelheit kommt letztlich aus dem Schwinden dieses Lichtes.

Bedingungslose Loyalität zu dem Heiligen, die Weigerung, ihm Minderwertiges zuzutrauen, ist nicht schwer, sobald auch nur ein Anfang von Gotteslicht aufgegangen ist und solange die Erinnerung daran auch über lange Nächte festgehalten wird.[37]

Ein bewegendes Zeugnis für diese innere Situation, die auch in der psychologischen und psychotherapeutischen Erfahrung oft deutlich wird, fand ich in einer Todesanzeige eines Elternpaares, das in kurzer Zeit Tochter und Sohn durch Unfall verloren hat:

»Ich bin ein Geschlagener, aber kein Verzweifelter, ein Gläubiger, aber kein blinder Amensager ... Gott von Israel – Du hast alles getan, damit ich nicht an Dich glaube. Solltest Du meinen, es wird Dir gelingen, mich von meinem Weg abzubringen, so sage ich Dir, mein Gott und Gott meiner Väter: es wird Dir nicht gelingen. Du kannst mich schlagen, mir das Beste und Teuerste nehmen, das ich auf der Welt habe. Du kannst mich zu Tode peinigen – ich werde immer an Dich glauben. Ich werde Dich immer lieben – Dir selbst zum Trotz! Und das sind meine letzten Worte an Dich, mein zorniger Gott: es wird Dir nicht gelingen! Du hast alles getan, damit ich nicht an Dich glaube, damit ich an Dir verzweifle! Ich aber sterbe, genau wie ich gelebt habe, im felsenfesten Glauben an Dich.« (Worte aus dem Warschauer Getto)

Wo ein Mensch angesichts des Todes so spricht, liegt jenseits aller Gründe etwas Tieferes, Unfaßbares vor, das sich der rationalen Analyse zu entziehen scheint.

Jesus Christus verstehen

Wo das Fundament des Gottesgedankens fest ist oder fest werden kann, da kann auch die Stimme des Jesus Christus gehört und verstanden werden.

Das richtige Verstehen dieser Stimme allein genügt oft genug zum Werden der Gewißheit: Das kann nicht falsch sein.[38] Auch hier ist die Bedingung ein Zurückhalten der eigenen Unwilligkeit und Destruktivität. Die Offenheit des Geistes für alle Wirklichkeit ist schon eine naturhafte Disposition dafür, jedem Wissenden zu glauben, was er weiß; wenn nicht die Kultur eine abweisende oder lässige Voreingenommenheit aufdrängt. Ausgestattet mit einer von Natur, Kultur und Goodwill angebotenen Aufgeschlossenheit ist es wiederum leicht, in der Begegnung mit dem unverzerrten und gut erklärten Evangelium zu der Gewißheit zu kommen: Das kann nicht falsch sein. Dies ist das Aha-Erlebnis des nachdenklichen Christen. Schwer, oft unmöglich wird es, wo das Klima von unüberwindlichen Vorurteilen vernebelt ist, die mit eigenen leidenschaftlichen Interessen und Fehlhaltungen zusammenfließen. »Leichter geht ein Kamel durch ein Nadelöhr als ein Reicher (an Geld, an Genuß, an Gesetzestugend wie die Pharisäer, an Bildungshochmut wie die Athener, an verfestigten Vorurteilen wie einige andere) in das Himmelreich.«

Es ist ein unvergleichliches existentielles Experiment, die Evangelien Satz für Satz zu lesen und mit der ständigen Frage zu begleiten: Kann das falsch sein, was der Jesus Christus hier durch Wort und Zeichen lehrt?

So wird der Schnellzugang des Äthiopiers zum Glauben verständlich. Ebenso der Zugang all derer, die von den Jüngern Jesu innerlich erreicht wurden bis hin zu den Kindern glaubwürdiger Eltern. Psychologisch ist in gewisser Weise das Glauben der Glaubenden weder ein Rätsel noch ein Wunder, weil dem, der nur den Gottesgedanken gut verstanden hat, die Glaublichkeit des Inhalts der Botschaft und die Glaubwürdigkeit der Person des Jesus Christus in voller Stimmigkeit mit seinen eigenen naturhaften Grundeinsichten und mit seiner Selbst- und Welterfahrung begegnen kann, einleuchtend und erleuchtend. Alles paßt zusammen[39], Erfahrung, Wissen und Glauben, wie ein richtig gelöstes Kreuzworträtsel oder ein durch eine Flut von Indizien usw. bis zum Ausschluß jedes vernünftigen Zweifels aufgeklärter Kriminalfall. Die Lösung kann im wesentlichen nicht falsch sein, man sieht es geradezu. Ein Irrtum kann ausgeschlossen werden.

Erleuchtung

Hier kommt etwas ins Spiel, was sich dem Ursprung, nicht ganz der Wirkung nach der Psychologie entzieht. Erleuchtung ist

Gnade, nicht Ergebnis rationaler Konsequenz. Aber diese Gnade ist erfahrbar.[40]

Die wichtigste Stimmigkeit ist nicht die der äußeren historischen oder philosophischen Gründe. Sie besteht in dem Eindruck: Wenn ich mir selbst, meiner tiefsten und wesentlichsten Neigung zur Wahrheit und zum Guten gegen alle selbstsüchtigen, neurotischen, destruktiven und rechthaberischen Tendenzen Raum gebe, dann und nur dann stimmt das Beste in mir dem Jesus zu; vielleicht zaghaft und halbherzig vorerst, aus ganzem Herzen aber, wenn ich dabei bleibe. Diese Übereinstimmung meiner tastenden Annäherung mit meinem eigentlichen Selbst fühle ich zuzeiten als Freude und Frieden der Glaubenszustimmung, als Stimmigkeit meiner ganzen Person. Dieses Gefühl sagt: Jetzt ist alles in Ordnung. Ich bin innerlich da, wo ich hingehöre, im Frieden mit Gott und mit mir, in Gewißheit des Gewissens.

Als der Philosoph Peter Wust, der in seinem Buch »Unsicherheit und Wagnis« gezeigt hat, daß ihm die Kritik der Vernunft und des Glaubens, Zweifel und Skepsis tief vertraut waren, an Zungenkrebs qualvoll verendend den Tod kommen fühlte, konnte er noch schreiben: Ich befinde mich in absoluter Sicherheit.

Eine letzte Stufe

Für die Lebenssituation des heutigen Christen ist eine psychologische Zwischenstufe von größter Bedeutung. Glaubensentwicklung beginnt mit einem Interesse, mit geweckter Aufmerksamkeit. Dieses Interesse setzt ein mit einem Für-möglich-Halten: Es gibt keinen Grund, diesen Glaubensinhalt von vornherein für ganz unmöglich zu halten, ihn allenfalls als psychologischen Symbolismus ernst zu nehmen. Es gibt auch keinen Grund, ihm jede ernstliche Wahrscheinlichkeit abzusprechen. Die Vermutung, Gott selbst habe durch Jesus Christus in einer mit anderen Religionen verglichen wesentlich präziseren und verpflichtenderen Weise gesprochen, kann sich bei fortdauernder Aufmerksamkeit verdichten. Eines Tages mag der Verdacht, ›Vielleicht ist es doch einfachhin wahr‹, eine raumgreifende Wahrscheinlichkeit gewinnen und Zustimmung herausfordern.

Diese Stufe wäre wohl noch kein Glaube, sondern eine Wegstufe vor der letzten Entscheidung.

Zwischen ihr und dem eigentlichen Glauben (»um der Autorität des sprechenden Gottes willen«) liegt noch eine wichtige Zwischenstufe: Das Gewicht der zur Zustimmung drängenden Einsichten ist so groß, daß für das Gewissen die sichere Überzeugung entsteht: Ich verhalte mich unvernünftig und tue Unrecht, wenn ich jetzt noch die Zustimmung hinauszögere.

Das entscheidende an dieser Situation ist nun, daß sie es auch »unmittelbar« mit der Autorität Gottes zu tun hat, insofern ein sicheres Gewissensurteil als solches die Autorität Gottes repräsentiert, selbst wenn der Gewissensbefehl etwas verlangen sollte, das teilweise falsch ist. Der junge Newman hatte eine begründete *Gewissenssicherheit*, daß die Autorität Gottes von ihm Treue zur Kirche von England verlange. Er hatte eine, wie er meinte, besser begründete Gewissenssicherheit, als er diese Kirche verließ, um ihr eben damit noch treuer zu sein.

Glaubensbereitschaft

Viele Juden, Muslime, fundamentalistische Christen, »Heiden« – und Kinder – haben eine verpflichtende Gewissenssicherheit, daß sie »dem Wort Gottes« glauben sollen; sie haben jene Entschlossenheit, alles zu glauben, was Gott etwa mitteilen sollte; aufmerksam in Welt und Geschichte hineinzuhorchen, an Gottes Lippen zu hängen, um ja kein Wort zu verlieren. Möglicherweise ist es zuletzt diese von aller Erkenntnisanalyse unabhängige einfache, aber unbedingte Bereitschaftshaltung, die den eigentlich Glaubenden in allen Religionen und Philosophien vom Ungläubigen unterscheidet: Ich will wirklich zu erfahren suchen und alles annehmen, was Gott etwa gesagt haben sollte.

Die Anerkennung dieser Haltung bedeutet keinen religiösen Relativismus. Sie schließt ihn sogar energisch aus. Gerade wer wirklich auf Gott hören will, der möchte auch alles hören. Er ruht nicht eher. Wer es aber so genau gar nicht wissen will – der will vielleicht den Willkürraum für sein Wunschdenken nicht aufgeben. Daß er trotzdem so viel tut, wie sein »Talent«, seine

Vorbedingungen, seine »kognitive Konkupiszenz« ihm ermöglichen, das mag man manchmal bezweifeln, aber niemand kann dies ausschließen.[41]

Glaubensgewißheit hat eine Minimalform: Mir ist evident, daß ich durch Vernunft und Gewissen verpflichtet bin, dem in den Schriften und in Lehre, Gottes-Dienst und Lebendigkeit Seiner Kirche, wo immer ich sie antreffe, mir handgreiflich zugänglichen Jesus zu glauben, was Er weiß und sagt, weil nur in Ihm unverkennbar die Wahrheit in Person mir begegnet.

Diese Gewißheit fällt nicht vom Himmel. Der Glaubwürdigkeit eines Menschen kann man wohl auch mit einem Blick innewerden; normalerweise aber nur durch langen nahen Umgang. Niemals ohne Sympathie und Liebe. Wer sich nie bemüht hat, Jesus aus der Nähe kennenzulernen, wer Ihm aus dem Weg geht oder sich Ihn vom Leib hält, kann diese bezwingende Erfahrung nicht machen. Im freundschaftlichen Nahumgang aber des liebevollen, herzhaften Interesses, des Hörens, Lesens und der Meditation kann sie bezwingend werden, wenn einer »sich an Ihm nicht ärgert«; wenn er nicht den unvermeidlich immer wieder aufkommenden Zweifel, Protest, Widerwillen, das Befremden unbearbeitet stehen und wuchern läßt. Unkraut kann jedes Wachstum ersticken.

Die Gewißheit: Hier bin ich an dem absolut unverwechselbar verläßlichen Mittelpunkt von Welt und Geschichte angekommen: »Du hast Worte ewigen Lebens«; ich bin in Konstanz und sehe. Diese Gewißheit ist nicht in der Art erhältlich und beständig wie die euklidischen Gewißheiten, die unangefochten das Leben überdauern. Die Glaubensgewißheit ist immer wieder angefochtene Gewißheit, weil sie tausend Schwierigkeiten, Einwänden und vor allem inneren Widerständen begegnet, meinem Unwillen, meinem Mich-ärgern, meinen Antiaffekten gegen die Kirche(n) und ihren Herrn. Die Gewißheit bleibt nur am Leben, wenn sie in solchen Angefochtenheiten immer wieder den Blick richtet auf ihren eigenen Grund, die in Jesus sichtbare Glaubwürdigkeit Gottes.

Jesus Christus selbst ist das Argument der Argumente, einleuchtend und erleuchtend für den, der Ihn gut kennt. Die Aufmerksamkeit auf Ihn ergänzt, erneuert und befestigt beständig das Netz der Einsichten, die in einer Synthese des gesamten geistigen Lebens die Gewißheit wachsen lassen, Ihm kann ich und sollte ich glauben. Ähnlich wie die Besinnung auf die Gewißheit des Satzes: »Konstanz liegt am Bodensee« sie von einer naiven zu einer durch Reflektion vertieften macht, so macht Nachdenken, Gebet und Meditation die Glaubensbindung immer fester.

Glaubensgewißheit ist nicht durch Argumente übertragbar. Aber Argumente sind Einladungen und Herausforderungen, jene Nähe des Umgangs und der Aufmerksamkeit zu versuchen, welche die Augen des Herzens für die Zuneigung und für den Glauben öffnen kann.

Andere Hilfen

Es gibt andere Hilfen zur Gewißheit. Einmal die intime persönliche Erfahrung, daß ein Mensch, der sich am Gebet so festhält wie der Bergsteiger am Seil, von Zeit zu Zeit Lichtblicke und Impulse empfängt, die Unklarheiten, Schwierigkeiten, Mißverständnisse aufhellen. Er bleibt oder er findet zurück in jenes Helldunkel des Geistes, in dem man je nach Wunsch sehen oder übersehen kann. In ihm wird die Richtigkeit der Glaubensweisung zwar immer wieder von Nebel verhüllt, aber auch immer wieder gelichtet, solange man das Seil und die Aufstiegsrichtung festhalten will. So jedenfalls zeigt es sich in allen Selbstdarstellungen von Glaubenden. Natürlich gibt es auch die Erfahrung, daß sich auch ohne Gebet das Glaubenslicht einstellen kann. Aber dies ist niemand versprochen. Es kommt ja auch vor, daß ein am Steuer Einschlafender rechtzeitig vor der Katastrophe wieder erwacht. Doch wäre es weniger ratsam, sich darauf zu verlassen und gelassen am Steuer zu schlafen. Wer nachts im dichten Nebel seinen Weg finden will, ist schon gut beraten, wenn er mit höchster Aufmerksamkeit auf alle Orientierungshilfen achtet. Das ist aber die Grundsituation des Menschen. Es ist schon erstaunlich, wie viele Leute »am Steuer schlafen«, ohne zu bedenken, daß dies normalerweise böse zu enden pflegt.

Außer der Erleuchtung durch Gnade, die dem täglich Bittenden Schritt für Schritt, Tag für Tag gegeben wird als tägliches Brot und Licht, nicht aber ein für allemal, gibt es noch handfestere irdische Gegebenheiten.

Glaube wird fest, wie ein Baum fest wird, weil er sich mit der reifenden geistigen Entwicklung mit einem wachsenden Wurzelgeflecht von »Ideen, denen mit Vernunft nicht widersprochen werden kann« (Fichte), in unbezweifelbare irdische Erfahrungen und Einsichten einsenkt.

Wenn die Gesamtwirklichkeit überhaupt ein Sinngebilde sein sollte und nicht ein irrer Witz ohne Pointe, dann sollte es für die geistigen Wesen im Kosmos eine Chance geben, diesen Sinn zu entdecken. Fast möchte man meinen, das geistige Wesen habe ein Recht auf die Möglichkeit einer sicheren Orientierung. Ein Recht auf einen kosmischen Bergführer oder auf andere Orientierungsmittel. Solche gibt es.

Menschen spüren, daß es nicht falsch sein kann, geduldig nach dem Licht der Wahrheit und des Guten auszuschauen.

Philosophische Wurzeln

Die Philosophien, die das Christentum als zu ihm gehörig in sich aufgenommen hat, gehören zu diesem Wurzelgeflecht, wohl weil sie im guten Sinn eine Art Commonsense-Philosophie sind, die das Mark jedes vernünftigen Denkens ausmacht. Das meint Newmans Satz: »In wesentlichen Dingen richtig denken heißt, wie Aristoteles denken.«[42]

Für viele ist der Satz, daß das Endliche, Relative, nicht alles, nicht das Ganze sein kann, daß es nicht aus sich, nicht aus dem Nichts entstanden ist, sondern eines absoluten Grundes bedarf, kein Satz, an dem sie ernsthaft zweifeln könnten, sondern eine unangefochtene leuchtende Evidenz, »Idee, der mit Vernunft nicht widersprochen werden kann«. Daß sie anderen Leuten durchaus fehlt oder gar dumm vorkommt, die weit intelligenter sind, gibt ihnen weder eine Möglichkeit noch ein Motiv, diese Idee zu denen zu rechnen, denen sie auch mit einiger Mühe widersprechen könnten. Es ist schlicht unmöglich. Selbst so gewichtige Kritiker so ähnlicher Ideen wie Kant oder Wittgenstein können die Evidenz, die für sie z. B. der Satz vom zureichenden Grund hat, nicht irritieren.

Zum Christsein gehört vor allem anderen Demut, aber auch die »Arroganz«, jeden Nobelpreisträger für partiell gestört zu halten, der ähnliche Evidenzen ausreden will. Dieser »Hochmut« ist kein böser Wille, sondern die schiere Unfähigkeit, die Ideen zu bezweifeln, denen ich mit meiner Vernunft nicht widersprechen kann. Solche Ideen hat aber jeder Mensch und gar nicht wenige. Selbst Descartes, der doch die universale methodische Zweifelspflicht verkündet hat, konnte sie selbst niemals erfüllen.

Die meisten Ideen dieser Art sind Gemeinplätze des Alltagsdenkens, die jedermann zugänglich, aber auf Wunsch auch in der Luxusausgabe anspruchsvoller Prinzipien betrachtet werden können. So z. B. die schlichte Regel, daß es ratsam ist, selbstverständliche Vorsichtsmaßnahmen des Autofahrens – Aufmerksamkeit am Steuer, Mitführen von Kartenmaterial – auch in der Existenzorientierung zu beachten. Das Evangelium selbst gebraucht und empfiehlt ständig, Alltagsverhalten, Alltagsverhältnisse, simple Lebensregeln, zum Modell der Gesamtorientierung und des Heilsweges zu machen. Auch der Seefahrer, diese ergiebige Gleichnisperson, findet ja meist irgendeine Orientierungshilfe, in klaren Nächten den Stand der Sterne, im Nebel den Kompaß; einmal ist dieses, dann wieder das andere besser sichtbar.

Jedermann steht als Kompaß das Gewissen zu Gebote, das unbeirrbar immer wieder auf das Wahre und das Gute weist, auf Logik und Ethik. Es kann nicht falsch sein, sich zwischenzeitlich in Ermangelung eines Besseren auf diese Wegweiser zu verlassen, die Weisung jener wenigen und großen Ideen, die unbezweifelbar sind.

Dies alles sind gewiß einfältige Köhlergedanken; jeder kann sie verstehen und vollziehen. Derart einfältig sind alle die gemeinten, vom Zweifel unangefochtenen Ideen.

Das ständig wachsende Netz solcher persönlicher Gründe, deren praktische Vernünftigkeit nicht bestritten werden kann, ergibt mit der Zeit eine große Festigkeit des Glaubens. Er ist wie eine heilige Hydra, der zwei Köpfe nachwachsen, wenn man einen abschlägt. Das Netz solcher Gründe wird so fest, daß es auch mit aller Gewalt widerstehende Playboys wie etwa Charles de Foucauld[43] und Augustinus gegen deren leidenschaftliches Wunschdenken zu binden vermochte; obwohl es schließlich doch niemand gegen seinen Willen fesselt.

Die überraschendste Erfahrung ist freilich das langsame und sichere Abräumen eines unüberwindlich scheinenden Hindernisses nach dem anderen. Das ist ein Prozeß, der die Geduld kräftigt, sich von noch anstehenden Hindernissen nicht entmutigen zu lassen. Die Geduld wird verstärkt durch das große Verwundern, an was für harmlosen Klippen andere schon ihr Boot aufgegeben haben.

Schließlich gibt es die Glaubensfestigung per exclusionem. Wer einmal verstanden hat, was die Glaubensinhalte für das geistige Leben und seinen Zusammenhalt leisten und wie tief gegründet ihre Fundamente sind, dem bringt das Studium der Angriffe auf den Glauben viel Frieden. Schopenhauer, Nietzsche, Freud, Monod oder gar H. Albert[44] werden auf diese Weise zu Kronzeugen des Evangeliums, weil der Leser, der das Licht des Glaubens und der Vernunft heil zu halten sucht, in bezug auf die »Metaphysik« der Genannten auf Schritt und Tritt sagen muß: So nicht, nein, so geht es wirklich nicht; auch wenn wir anderswo große Schritte mit ihnen machen.

Die wenigen angefügten Beispiele sollen nur ungefähre Hinweise auf einen bei jedem Menschen überaus vielschichtigen Lebensprozeß sein.

Glaubensgewißheit ist ein eigentümliches Gebilde. Der Mann, der flehentlich gesprochen hat: »Ich glaube, Herr, hilf meinem Unglauben!« war doch wohl auf irgendeine schwer durchdringliche Weise ein fest Glaubender und doch auch wieder nicht. Jedenfalls ist er nie als ein inkonsequent Halbherziger, sondern immer als ein Vorbild der Christen angesehen worden, offensichtlich auch von dem erzählenden Evangelisten. Dieses Nebeneinander von »Unglauben« und wirklichem Glauben, der ohne eine Gewißheit gar kein Glauben wäre, muß es also geben und geben dürfen.

Lange bevor es eine Spannung zwischen Bibel und Naturwissenschaft gab, hatte die Christenheit die inneren Widersprüche und Unstimmigkeiten im Wort Gottes zu bewältigen; nicht nur in den unstimmigen »Protokollsätzen« z. B. der Auferstehungsberichte.

Diese Unstimmigkeiten sind allerdings kein Privileg der Christen oder anderer Glaubender. Die Unstimmigkeit und Widersprüchlichkeit liegt in der Wirklichkeit selbst. Kein Agnostiker entkommt ihr, denn auch wer die Gesamtheit des Kosmos als ein unsinniges Zufallschaos ratlos betrachtet, kann an einer Unstimmigkeit nicht vorbei, in diesem Tatsachenwirbel doch so etwas wie Ordnungsstrukturen, Naturgesetze, Intelligibilität, logische Gesetze und im menschlichen Geist eine ganze Menge von merkwürdigen Sinngebilden vorzufinden. Wir können nicht leugnen, daß wir gleichzeitig Wissende und Unwissende sind. Wir alle müssen mit Widersprüchen leben.

Glaube ist kirchlich

Ich habe keine wissenschaftliche Sicherheit, daß alle dem Jesus zugeschriebenen Worte wirklich so von Ihm gesprochen worden sind. Keine wissenschaftliche Sicherheit, nicht einmal eine Wahrscheinlichkeit, daß z. B. der Hebräerbrief vom Apostel Paulus stammt. Wohl aber eine Glaubensgewißheit, daß die Evangelien und auch der Hebräerbrief authentisch die Lehre Jesu Christi vermitteln; in bezug darauf gibt es auch eine gewisse, wissenschaftlich umstrittene Wahrscheinlichkeit, aber bestimmt keine Gewißheit.

Alle Glaubensgewißheit in bezug auf die Heilige Schrift haben wir nur im Medium der Verbürgung durch die kirchliche Vermittlung.[45] Das konnte den Reformatoren wohl noch nicht klar sein. In bezug auf die Inhalte der Heiligen Schrift geht die Glaubensgewißheit genau so weit, wie die Glaubensgewißheit über die Autorität der Kirche reicht. Sie steht und fällt mit ihr.

Der gesamte christliche Glaube steht und fällt psychologisch und logisch mit der Verläßlichkeit »der Kirche«, ähnlich wie meine Überzeugung, Freud sei der Autor der »Vorlesungen«, mit der Verläßlichkeit der Zeugen und der Zeugnisse steht und fällt, die diesen Sachverhalt verbürgen. Jede Form des christlichen

Glaubens, eine völlig individualistische, aber auch jede der kleinsten Sekten und Denominationen wie der großen Konfessionen hängt haltlos in der Luft, soweit sie sich nicht auf verläßliche Weitergabe des ursprünglichen apostolischen Glaubens der von den Augen- und Ohrenzeugen Jesu gegründeten Gemeinden stützen kann.

Glaubensgewißheit könnte sich freilich grundsätzlich auch auf mystische Weise ergeben: Der Geist Gottes teilt mir persönlich unmittelbar mit, was er geoffenbart hat und wie dies alles zu verstehen ist. Obwohl solche persönliche Erleuchtung immer so gegenwärtig ist wie das Licht, in dem wir die Welt sehen, ohne daß es selbst zum Gegenstand wird, wird kaum jemand seine Glaubenssicherheit nur auf diese Weise begründen wollen. Die Rechtfertigung des kirchlichen Momentes kann aber hier nicht über die grundsätzlichen psychologischen Bemerkungen hinausgeführt werden.[46] Der Glaube ist, wie die Theologen das ausdrücken, »übernatürlich«. Aber er ist gleichzeitig psychologisch das Natürlichste von der Welt: Er ist vernünftig. Ohne Vernunft ist er kein wirklicher Glaube.[47] Alle Gedanken, alle Begriffe, Urteile, Schlüsse, die in seinem Werden und Sein eine Rolle spielen, sind (einigermaßen) verstehbare, verstandene und mit Vernunft vollzogene Gedanken. Sie sind keine Leersymbole wie x, y oder Krokowafzi Kaflapufzi: Sonst käme kein Glauben zustande. Selbst »Mysterien«, die Trinität, die Menschwerdung, kann nur glauben, wer einen Ansatz von Sinn mit dem Wort verbindet. Sonst glaubt er Sinnloses, also gar nichts.

Glaubensgewißheit ist mit Glaubensirrtümern vereinbar. Denn ihr Fundament heißt: Ich bin sicher, daß ich ein Hörer des Wortes Gottes sein soll.

Ich bin sicher, daß ich Gott, wenn Er spricht, nicht ungefähr, sondern nach Möglichkeit genau das glauben sollte, was Er sagt.

In dieser Gewißheit bin ich einig mit Juden, Muslimen und vielen Nichtchristen der ganzen Welt.

Ich bin sicher, daß Jesus der ist, als den Er sich bezeichnet. Ich bin sicher, daß ich zu der glaubenden, hoffenden, Gott und die Menschen liebenden Gemeinschaft gehören soll, die von Gottes Geist erfüllt ist, und nicht ein religiöser Einzelgänger mit Privatmeinungen. Ich bin also sicher, daß ich glauben soll, was die

Kirche als die Gesellschaft der mit Ihm Einverstandenen glaubt. Wo ist sie? Ich bin nicht sicher, daß ich Jesus und die Kirche in allem richtig verstehe. Ich bin in vielen Einzelheiten nicht sicher, was die Kirche glaubt. Aber ich will es nach meinen Möglichkeiten zu klären suchen.

Darum kann es sein, daß z. B. Newman in Glaubensgewißheit lebte, obwohl er als junger Mann die Kirche von England, als älterer die Kirche von Rom für die authentische Gemeinde Gottes hielt. Das gilt natürlich auch für alle Menschen guten Willens, für Hörer des Wortes in allen Konfessionen und Religionen.

Glaubensgewißheit hat ihren bleibenden Mittelpunkt in der Gewißheit einer Gottheit, die sich mitteilt. Ihre Peripherie hat dagegen keine scharfe Grenze. Ihr Umfang und Inhalt sind bei jedem einzelnen verschieden.

Im Grunde gibt es nur wenige Möglichkeiten der Bewältigung von pluralistischer Ratlosigkeit:

Man kann Gründe haben, sich für eine der vielen widerstreitenden religiösen Grundauffassungen zu entscheiden.

Man kann glauben, Gott habe mir nur eine einzige Autorität gegeben: das Gewissen.

Ich kann annehmen, er habe mich auf sein Wort allein verwiesen als maßgebend für dieses Gewissen.

Ich kann aus der Not eine Tugend machen und mir einen die Gegensätze übergreifenden philosophischen Glauben zurechtlegen. Ähnlich kann ich jenseits der Konfessionen ein »ökumenisches Christentum schlechthin« konstruieren – was leider immer nur wieder noch eine neue Konfession geben kann, keine wirkliche Einheit, ohne Zustimmung der Beteiligten.

Ich kann mich bemühen, die Punkte herauszufinden, in denen die Wissenschaft zu einem Konsens führt und die nicht konsensfähigen als weniger wichtig zurückstellen. Aber grade im Kontroversen könnte doch das Wichtigste zu finden sein. Warum nicht?

Ich kann fragen, ob Jesus Christus selbst irgendeine Vorsorge getroffen hat, die mich vor schlimmen Mißverständnissen bewahrt, eine innere oder äußere Autorität, die mich warnt, wenn ich in Widerspruch gegen Ihn gerate oder mich in eigene Widersprüche verstricke oder auf suggestive Irrweisungen hereinfalle.

Überall, wo eine Überfülle von verwirrenden Informationen berücksichtigt werden muß, suchen wir Experten: Ärzte, Rechtsanwälte, Steuerberater oder die Weisen von Gutachtergremien. Gibt es Experten für Existenzorientierung? Der östliche Gedanke, der so viele junge Menschen nach Indien zieht, in diesem Bereich bedürften wir eines Meisters, eines Gurus, wäre einleuchtend, wenn er nicht wieder in eine andere Form pluralistischer Verwirrung führte. Denn wer gibt dem Guru das Gütesiegel, das ihn vom Scharlatan, vom falschen Propheten unterscheidet?

Wer gibt ihm die Autorität der Weisung?

Auch hier müssen wir zugeben, daß der Unterscheidungssinn für Qualität beim mittleren Menschen nicht gut entwickelt ist. Wie könnte er sonst dem dunklen Charme und »Charisma« finsterer oder gleißender Verführer erliegen: Hitler, Rasputin, Mun, Bhagwan. Aber auch nicht wenige Wissenschaftler verführen durch Charme und Brillanz der Sprache mehr als durch die Kraft ihrer Argumente.

Wir kommen, so scheint es, mit der Verlagerung von der Pluralität widersprüchlicher Theorien auf eine Pluralität einander widersprechender Personen vom Regen in die Traufe. Ganz besonders dann, wenn diese Personen, wie z. B. Bhagwan, jeweils nach einigen Zeilen sich selbst widersprechen, wobei ihnen die durchschnittliche Unempfindlichkeit für Selbstwidersprüche denkungewohnter, unkritischer Hörer oder eigentliche Denkunwilligkeit entgegenkommt. Zudem scheint es auch bei den Redlichsten ohne Selbstwidersprüche gar nicht abzugehen. Noch mehr: In östlichen Lehrtraditionen z. B. des Zenbuddhismus und in paradoxen Bibelworten ist der Widerspruch als Provokation bewußt eingesetzt. Aber nicht solche, sondern die platten, undialektischen Widersprüche korrumpieren.

Es gibt einen Ausweg. Wer an eine zweifellos vertrauenswürdige, wissende und weise Person, an der kein Falsch ist, geriete, der hätte seinen Ausweg aus dem oder den Führer durch das Labyrinth gefunden.

Christen sind Menschen, die an Jesus Christus geraten sind und dieses unbedingte Vertrauen in einen ohne Zweifel Verläßlichen an Ihm entdeckt haben. Die meisten von ihnen konnten es nur finden, weil sie schon vorher in unscheinbaren Freunden

und Zeugen Jesu eine anrührende Spiegelung dieser Vertrauens-
würdigkeit angetroffen haben. Dieses Qualitätszeugnis: »Das
ist ein wahrer Israelit, an dem kein Falsch ist«, hat Jesus selbst
einmal einem jungen Mann ausgestellt. Solche gibt es.[48]

Ich möchte hier von den Problemen absehen, die das Reiz-
wort »Kirche« aufwirft, in dessen Verständnis, wie ich glaube,
die einzig geistig befriedigende Lösung liegt. Natürlich ist der
Slogan: Jesus ja – Kirche nein! beliebt bei den vielen, die nicht
bis drei zählen mögen. Denn wir kennen Jesus doch ausschließlich vom Hörensagen, vermittelt durch die Gesellschaft seiner
Freunde. Kirche ist unumgänglich, allein schon, weil nur die
mit Christus Gleichgesinnten für uns Auctoritas, das heißt Ur-
heber der Gleichgesinntheit sind, von allen anderen Gründen
abgesehen. Aber wir können unsere begreiflichen eigenen Affekte gegen das Kirchenwesen vorerst umgehen, wenn wir uns
Seine Botschaft und ihre vielen schwer auflösbaren Widersprüche unverkürzt mitteilen und auslegen lassen durch die unter
Seinen Zeugen, die von der ganzen Christenheit als seine authentischen Jünger und Abbilder verehrt werden, die »Heiligen« unter den Christen, die liebenden und lauteren Herzen,
die es in allen Konfessionen erkennbar gibt, und die jenen überwältigenden Konsens zeigen, den wir bei den Theologen vermissen.

Die Frage, wer hat Jesus wohl sehr gut verstanden, ist für
den, der Ihn unbedingt verstehen und nicht sich in Ihn projizie-
ren will, vielleicht dann nicht mehr allzu schwer zu beantworten.[49]

Kirche, die Gesellschaft der Freunde, ist der »Orden« Jesu
Christi mit wenigen, aber verpflichtenden Ordensregeln, gemeinsamen Übungen und gemeinsamem Leben; der freieste aller Orden, aber eben doch etwas wie ein Orden. In ihm geht es
nicht um Macht und Beziehungen, wohl aber um gegenseitige
leibliche, geistige und geistliche Hilfe unter denen und für alle,
die der Anwesenheit des Ewigen in dieser Welt zu antworten
bereit sind, als Freunde eines unbequemen Gottes.

Eine faßbare Erfahrung von alledem läßt sich manchmal unmittelbarer im Gottesdienst und Menschendienst, in Liturgie
und Nächstenhilfe dieses Ordens gewinnen als im Bereich der

Lehre. Eine Trennung ist unmöglich, weil die Gesellschaft der Freunde ihren Herrn nicht nur als Arzt, Helfer und Priester, sondern auch als Lehrer vertreten soll.

Gemeinsamkeit und Gemeinde sind uns verordnet, wie der Arzt dem Kranken eine Gruppentherapie verordnet, und wie der Staat den kleinen Bürgern eine Schulpflicht auferlegt, wenn es zumutbar ist, so unerfreuliche Assoziationen zu wecken.

Gemeinsamkeit im Gottesdienst, in der gegenseitigen Hilfe und in der gegenseitigen Belastung und Belästigung sind uns als Heilmittel zugemutet. Der Gebrauch der Kurmittel ist weitgehend, aber nicht völlig unserem Ermessen überlassen. Privatisierung unserer Dienstleistung für Gott und Mitmenschen ist unmöglich. Viele religiös verbindliche Aufgaben sind nur in Gemeinsamkeit zu lösen.

Freundschaft mit einem Unsichtbaren, den man nicht anfassen kann, ist ziemlich schwierig. Unser Gott ist ein Liebhaber von Verkleidungen. Dieser Freund begegnet uns häufig an jedem Tage, aber Er hat eine Vorliebe für immer wechselnde Verfremdung. Er will von uns in jedem Mitmenschen, sogar in den Unsympathen und Verächtlichen erkannt und begrüßt werden; unkenntlich senkt Er Seine Anwesenheit in Brot und Wein und in vielerlei Weltgestalten. Ein eigentümlicher Freund, der auf ungewohnte Weise umarmt und berührt werden will. Mit der Zeit gewöhnt man sich an diese Umgangsformen, auch wenn sie manchmal schmerzhaft sind. Auf diese Weise ist Er gar nicht zu verfehlen, wenn man Ihn sucht *in allen Dingen, in allen Menschen*, in den Wirkzeichen Seiner Gegenwart.

Die Erfahrung der Glaubensgewißheit darf man wohl eine mystische nennen, auch beim schlichten Gläubigen. Glaubensgewißheit wird als solche erlebt, selbst wenn, wie beim Kinde, keineswegs das dichte Netz unendlicher Konvergenzen des reifen Glaubenslebens gewoben werden konnte, das Newman beschreibt. Jede Glaubensgewißheit, auch die eines so subtilen, genialen und gelehrten Intellektes wie Newman schwingt hoch über das Netz von Gründen hinaus, das sie vor der Vernunft rechtfertigen. Diese sind weder unbedingt notwendig noch zureichend für jenes Mehr, das der »erlösende« dem »natürlichen« Glauben voraus hat. Die von der Gnade getragene Zustimmung ist mit kinderschweren Gründen zufrieden, wenn es nicht besser geht. Andererseits: Die ganze subtile logische Analyse Newmans und seiner Nachfolger fördert, wenn ich recht sehe und sie verstanden habe, nicht mehr zutage, als was ein sehr gewisser natürlicher Glaube auch enthält.

Die überragende Glaubensgewißheit, der super omnia firmus assensus, wird immer auch von der Natur, aber immer noch mehr von der Gnade getragen. Nur der von ihr erleuchtete Blick, der »mystische«, vermag das Wort Jesu zu »verifizieren«: »Wer mich sieht, sieht den Vater.« Aber er vermag es wirklich. Darum ist der Glaube immer auch übernatürlich und mit der Kraft der Vernunft allein unerschwinglich. So wissen wir, am Ende dieser Überlegungen angelangt, nicht wesentlich mehr, als was wir schon immer als Glaubende wußten.

Wunderbericht und Wunderglaube

Konrad Lorenz berichtet von einem seiner Lehrer, er habe seinen Schülern zwei Leitsätze mitgegeben. Den einen: »Wunder gibt es nicht«, den anderen, als häufigen Kommentar zu Arbeiten und Gedanken der Schüler,: »Das ist einleuchtend – aber vielleicht ist das Gegenteil richtig«. Lorenz verrät nicht, ob der Gelehrte je auf den Gedanken gekommen sei, den zweiten Satz auch auf den ersten anzuwenden. Für den Psychologen ist die Frage dringlich, weil ihm nicht nur in dem weiten Bereich der Parapsychologie, sondern auch in äußerst merkwürdigen Erfahrungen der Hypnoseforschung, der Psychopharmakologie und in Behandlungsmethoden wie der Dianetik und der Primärtherapie, Phänomene begegnen, die mit den vertrauten wissenschaftlichen Kategorien schwer zu fassen sind. Ich meine die sogenannten »Transpersonalen Erfahrungen«, in denen Personen nicht nur vorgeburtliche Ereignisse, sondern auch solche aus einem oder mehreren früheren Leben zu erinnern meinen. Das mag nicht viel schwerer sein, als einen historischen Roman zu phantasieren; schwer zu erklären dagegen sind jene historischen Details, die in solchen Erinnerungen auftauchen, zum Teil als historisch korrekt bis in kleinste Einzelheiten erwiesen werden können und doch nicht als vergessene Reste von Angelesenem oder Gehörtem zu deuten sind. Die zur Erklärung manchmal herangezogene Wiedergeburtslehre ist nicht mein Fall, obwohl ich keine wissenschaftlichen Gründe kenne, die sie als schlechthin unmöglich erweisen würden. Immerhin kann ich diese Dinge, die mich als Forscher, als Psychotherapeuten und als Neugierigen interessieren, für mein persönliches Leben auf sich beruhen lassen. In ihm würde sich wenig ändern, gleich ob Parapsychologie und transpersonale Erfahrung sich als nichtig oder als gültig erweisen ließen. Anders steht es, wenn in diesem Bereich oder im Bereich eigentlicher religiöser Wunderzeichen sich Dinge ereignen, die mich als Existenzsignale angehen. Das Kapitel über den Wunderglauben bedarf einer besonderen Begründung. Offensichtlich war es Jesus lieber, wenn seine Hörer ihm um seinetwillen, nicht um der Wunderzeichen willen glaubten. Sie wirken manchmal wie widerwillig gewährte Zugeständnisse. Auf der anderen Seite sind Magnalia Dei, Zeichen von Kraft und Herrlichkeit, mehr als Ausweise der Beglaubigung des Gottesboten. Dennoch kann man sich fragen, ob sie nicht um der Würde des Gewissens willen einfach notwendig sind. Wie soll ein Gesandter Gottes sich von denen unterscheiden, die sich diese Eigenschaft nur anmaßen? Zwar gibt es falsche Propheten und Wundertäter. Das bloße Mirakel leistet nichts. Es ist der Kontext, die Herausforderung der Aufmerksamkeit für die anrührende Glaubwürdigkeit des Boten, der das Zeichen mehr beglaubigt als dieses ihn. Aber: Wäre es gewissenhaft und vernünftig, einem Boten mit einer so ungeheuerlichen Nachricht ohne weiteres zu glauben, ohne daß er irgend etwas ihn Heraushebendes an sich hätte? Eine ungewöhnliche Ausstrahlung allein haben auch falsche Propheten.

Wunder sind nicht geeignet, die Wahrheit des Glaubens zu beweisen. Ihr Sinn ist, aufmerksam zu machen auf den, der sie tut und auf seine Botschaft, oder einen schon vorhandenen Glauben zu bekräftigen. Der Mensch ist auf Zeichen angewiesen, die ihm die Anwesenheit des Göttlichen ankündigen und verbürgen. Solche gibt es in Fülle im Strahlungsfeld der Offenbarung.

Wer bereit ist, auf Gottes Zeichen zu achten, erhält sie gewöhnlich in einer für ihn passenden Form. Die Bitte um solche Weisungszeichen ist unfehlbar: Gespräche, erleuchtende Bücher oder Ereignisse, in denen etwas aufgeht. Erlebnisse solcher Art sind sozusagen Bestandteile einer experimentellen Theologie für jedermann, die auch jeder Betende und Suchende »live« ausprobieren kann. Natürlich braucht es Geduld. Die Gottheit reagiert nicht auf Pfiff.

Christen werden nicht erbitten, daß Berge versetzt werden, und auch nicht, daß ein amputiertes Bein wieder ganz wird; sie bitten um die möglicherweise heilsfördernden Dinge, sie bitten um alles, was zu Gott führen könnte; denn die letzte und tiefste Bitte des Bittenden ist die um Gott selbst.

Christen beten auch um hoffnungslos erscheinende Dinge wie z. B. um Sinnesänderung von ganz verbohrten Leuten und ganz verhärteten Charakteren. Sie bitten um die Bekehrung Rußlands und der ganzen Welt, sogar der kapitalistischen, und sie legen die unfehlbare Macht ihrer Bitten zur optimalen Anlage in Gottes Hände. Aber sie zerren nicht an ihnen. Sie respektieren, daß es auch Dinge gibt, die Gott so will, wie sie sind, und die selbst sein Sohn mit seinem Gebet nicht ändern wollte.

Niemand, der so betet, bleibt lebenslänglich ganz ohne Zeichen des »Erfolgs«. Wunder sind als der Menschennatur und ihrer Schwäche angemessene Hilfen zur Umkehr und zum Glauben gemeint und darum durch viele andere Hilfsmittel vertretbar, die leicht zugänglich sind.

Weil ein Christ zum mindesten ein Wunder, die Auferstehung, nicht umgehen kann, ohne den Glauben zu entleeren und sich zum Narren zu machen, möchte ich lieber gleich aufs Ganze gehen und ein wenig philosophisch und wissenschaftstheoretisch mit diesem Problem umgehen.

Psychologisch ist die Genierlichkeit, sich frei heraus als wundergläubiger Obskurant beurteilt zu sehen, viel mehr ein Problem unserer Tendenz zum Konformismus und zum Prestige, die eine Außenseiterposition vermeiden möchte, als eine ernsthafte Sachfrage. Die Argumente der Rationalisten gegen die Möglichkeit und Tatsächlichkeit des Wunders gehören, wie mir scheint, zu den stärksten in der Wirkung und zu den schwächsten in der logischen Kraft. Anders steht es freilich hinsichtlich der Beweisbarkeit. In der Regel pflegen wir über Wunder nicht gerade zu stolpern, wir kennen sie vom Hörensagen. Hier hängt aber die Beweisbarkeit wieder von der Sorgsamkeit und Aufmerksamkeit der Prüfung ab; und wer hätte denn dafür schon die äußeren und inneren Voraussetzungen?

Auf die Frage: Haben Sie schon einmal ein Wunder erlebt? werden die meisten von uns mit Nein antworten müssen. Gewiß, der eine oder der andere hat den Unfall oder den Tod eines ihm nahen Menschen in großer Entfernung gleichzeitig im

Traum gesehen oder im Wachen gespürt. Aber niemand von uns hat miterlebt, daß ein Toter durch Anruf auferweckt, ein Sturm durch Befehl zum Schweigen gebracht, Wasser in Wein verwandelt, fünftausend Menschen mit wenigen Broten gesättigt oder andere Wunder gewirkt wurden, wie sie die Evangelien berichten. In der durchschnittlichen Erfahrung kommen Wunder nicht vor. Selbst Krankenheilungen von so verwunderlicher Art, daß wir als Ärzte und Naturwissenschaftler uns keinen Vers darauf machen können, sind auch in Lourdes selten. Unserer Erfahrung zugänglich ist nicht das Wunder selbst, sondern nur der Wunderbericht, das Protokoll oder die Erzählung von Augenzeugen. Diesem Bericht gegenüber gibt es bekanntlich eine Fülle von gefühlsmäßigen Voreinstellungen, die von einer wundersüchtigen, kritiklosen Leichtgläubigkeit bis zur ärgerlichen oder spöttischen Verachtung gehen.

Es gibt verschiedene Gefühlshaltungen dem Wunder gegenüber, die sich wie auf einer Temperaturskala anordnen lassen. Sie reicht von wundersüchtig, wunderfreundlich, vielleicht sogar wunderlustig, über eine zurückhaltende, kritische Distanz bis zur Wunderfurcht und zum Wunderhaß. Die meisten Menschen, die einen Ort auf dieser Skala einnehmen, werden ihre affektive Einstellung dem Wunder gegenüber für angemessen und sachlich gerechtfertigt halten. Hier findet der Psychologe den Ansatzpunkt für seine Beobachtungen und Fragen. Wir sind der Naturwissenschaft und der Theologie, an deren Grenzen wir uns bewegen, in einem Punkt voraus. Nicht als ob der Psychologe, wie der Richter beim Tennisspiel auf einem erhöhten Platz sitzend, den Streit der Fakultäten von oben her entscheiden könnte; aber doch so, daß unsere Frage etwas früher zu beantworten ist als die der anderen, weil wir es zunächst nur mit der affektiven Einstellung zum *Wunderbericht* zu tun haben. Wir müssen also noch gar nicht wissen, ob es Wunder überhaupt gibt oder nicht gibt. Uns interessiert die Frage, wie sich ein Mensch dem Zeugnis eines anderen gegenüber einstellt, das ungewöhnlich, erstaunlich, aber nicht von vornherein von der Hand zu weisen ist. Wir fragen: Wo liegen Hindernisse gegen eine von der Sache her gerechtfertigte Haltung zu dem Wunderbericht? Denn zweifellos gibt es affektive Hindernisse. Wie es einen antiklerikalen Affekt gibt, so gibt es auch einen »antithaumatischen« Affekt, der sich als Vorurteil gegen das Wunder richtet. Das ist psychologisch interessant, wie jeder inadäquate Affekt den Psychologen und Psychopathologen interessiert. Der Affekt ist inadäquat, unangemessen, weil die Wirklichkeit, auf die der Wunderbericht abzielt, in vielen Fällen eine der Prüfung würdige Wirklichkeit ist. Das, was sich an umschriebener Raum-Zeit-Stelle der Welt als Ereignis findet und in unser Weltbild nicht einordnen läßt, muß das Interesse gerade des Wissenschaftlers wecken, weil es zeigt, daß da etwas noch zu kurz geraten ist am Gewebe der Erklärung, daß da noch zu kurz gegriffen wird in den Verstehensentwürfen, die wir für unsere Welt zur Verfügung haben. Das, worum es im Wunderbericht geht, ist nicht selten für den Menschen und sein Selbstverständnis bedeutsam. In der apriorischen Ablehnung des Wunders wird ein stiller, unauffälliger Fanatismus sichtbar. Ein fanatischer Affekt gegen das Wunder aber erweckt wie jeder in Art und Grad unangemessene Affekt den Verdacht des Psychologen, der nach den Gründen fragen muß. Was ist am Wunder, daß es einen solchen ablehnenden Affekt hervorruft? Wie kommt es, daß der Mensch in diesem Punkt aufhört, sachlich und besonnen zu denken, daß er seine ganze wissenschaftliche Erziehung vergißt, daß er vergißt, Fakten gelten zu lassen, daß er den Ursatz aller Erfahrungswissenschaft verrät: Contra facta non valet argumentatio? Für diese Ablehnung des Wunders gibt es verschiedene Gründe.

Zwei Einstellungen scheinen mir besonderer Beachtung wert. Die erste: Wer beweisen kann, daß Wunder grundsätzlich unmöglich sind, hat das Recht, Wunderberichte nicht ernst zu nehmen. Er kann entweder annehmen, das bezeugte wunderbare Ereignis habe gar nicht stattgefunden, oder es werde sich doch eines Tages ganz natürlich erklären lassen, es sei halt doch kein Wunder. Nun ist nach meiner Erfahrung die psychologische Situation so: Viele Menschen sind fest überzeugt, daß Wunder unmöglich sind, aber sie können für diese Überzeugung keinen zwingenden Grund angeben. Ihre Überzeugung scheint ein irrationales Vorurteil zu sein, häufig ein Suggestionsprodukt. Oft wird es so formuliert: Was nicht aus den Kräften der Natur möglich ist, ist überhaupt nicht möglich, das kann es gar nicht geben.

Was tatsächlich vorkommt, muß aus Naturkräften erklärbar sein. Wunder sind absolut unmöglich, wir brauchen also keine Zeit mit ihnen zu verlieren. Wie kommt es, daß so viele an diesem Satz hängen, obwohl wir alle niemanden kennen, der ihn je bewiesen hätte, und obwohl wahrscheinlich sogar viele ehrlich genug sind zuzugeben, daß sie keinen Beweis für diesen Satz führen könnten? Für dieses Hängen an einem unbewiesenen und unbeweisbaren Satz muß es in der Tat Motive geben, wenn es schon keine zwingenden sachlichen Beweisgründe für ihn gibt. Das Hauptmotiv scheint mit der Geschichte der Naturwissenschaft zusammenzuhängen. Sie ist in einer Zeit entstanden, in der die Menschen die Neigung hatten, alle nicht auf Anhieb erklärlichen, vor allem alle seltenen Naturvorgänge für Wunder zu halten; Kometen, auffällige Mißgeburten, ungewöhnliche Ereignisse, erstaunliche, unwahrscheinliche Glücks- und Unglücksfälle wurden auf das Eingreifen Gottes oder anderer überweltlicher Mächte, auf Geister, Dämonen, Engel, Heilige oder auf übernatürliche Kräfte von Hexen und Zauberern zurückgeführt, wie das heute noch im australischen Busch geschieht. Gegen diese Tendenz stellte die junge Naturwissenschaft ihr methodisches Prinzip, bei ausnahmslos allen Erscheinungen erst einmal nach natürlichen Ursachen zu suchen. Mit diesem Prinzip gelang es, die große Mehrzahl aller sogenannten Wunder aufzuklären, auf natürliche Kräfte zurückzuführen.

Die Naturwissenschaft stand also von Anbeginn in einem harten und auch leidenschaftlichen Kampf gegen die Leichtgläubigkeit des mittelalterlichen Menschen in Wunderdingen und gegen ein Weltbild, in dem allzuvieles auf unmittelbares Eingreifen und Handeln Gottes zurückgeführt wurde. Im Eifer des Gefechtes kam es verständlicherweise so weit, daß aus einem notwendigen und richtigen methodischen Prinzip, das sagt: Du darfst keine Erscheinung ohne gewichtige Gründe für ein Wunder halten – daß aus diesem Prinzip ein unbegründetes metaphysisches Dogma wurde, das sagt: Du darfst unter überhaupt keinen Umständen eine Erscheinung als Wunder anerkennen. Mit dieser Dogmatisierung war nun die Menschheit in zwei Teile geteilt: Wer Wunder weiter für möglich hielt, war ein unaufgeklärtes, unwissenschaftliches, rückständiges Dummerchen. Wer kritisch, modern, fortschrittlich, wissenschaftlich und intelligent sein will, muß Wunder ablehnen. Wenn nun die Mehrzahl der klugen Professoren so ein Dekret erläßt, dann braucht es schon ein überdurchschnittliches Maß an Selbständigkeit, sich für dumm halten zu lassen und weiter Wunder für möglich zu halten wie die Primitiven, die Obskuranten und die hoffnungslos Rückständigen.

Das neuzeitliche wissenschaftliche Bewußtsein hat ein betontes Ethos der Treue zur erfahrbaren Wirklichkeit, der Treue zum fact, zur Tatsache. Es verlangt, daß geistige Entscheidungen vor dem Gewissen verantwortet werden. Es kennt ein Schuldgefühl, das der naive Mensch nicht kennt, ein Schuldgefühl wegen leichtfertigen Glaubens – und das ist ein berechtigtes Schuldgefühl. Denn der Glaubensakt ist ein kostbares Gut, das nicht leichtfertig an diesen und jenen verschenkt werden darf. Wir wissen, daß der Mensch suggestibel, leichtgläubig und verführbar ist, daß alle finsteren Mächte an diese Suggestibilität appellieren und daß es eine sittliche Entscheidung ist, die Frage zu beantworten: Wem soll ich, wem darf ich glauben? Es ist eine Entscheidung, die man nicht aus dem Handgelenk treffen kann. Wenn wir an unsere Studienzeit denken, werden wir uns daran erinnern, daß die Universität viel Mühe aufwendet, dem Studenten die Leichtgläubigkeit auszutreiben und ihn dazu zu bringen, sich kritisch und skeptisch sein Urteil zu bilden. Sie lehrt ihn, nicht jede Geschichte, die ein Experimentator, ein Kliniker oder Historiker erzählt, für bare Münze zu nehmen, sondern zu prüfen und zu wägen. Sie erzieht ihn zur kritischen Skepsis, und sie weiß, warum sie das tut. Wir haben Grund für eine Skepsis all dem gegenüber, was zunächst ununterscheidbar aus der Welt des Wunderbaren und Verwunderlichen auf uns zukommt, in der zwischen dem Wunderbericht mancher Heiligenviten und den Märchen aus »Tausend und einer Nacht« kein erkennbarer Unterschied besteht, zumal manche Heiligenviten den Wunderstoff ganz deutlich aus »Tausend und einer Nacht« übernommen haben. Wir können hier das fundamental-theologische Problem, das in diesen Fragen steckt, nicht in Angriff nehmen. Dennoch mußte es im Zusammenhang unseres Themas erwähnt werden. Ein weiteres Motiv für die Ablehnung des Wunderberichtes hat

Rousseau ausgesprochen, dem unsere Welt so viele Formulierungen ihrer Grundüberzeugungen verdankt. Er sagt: »Gott kann Wunder wirken? Das hieße die Gesetze verletzen, die er selbst eingerichtet hat. Würde diese Frage ernsthaft behandelt, dann wäre die Frage gottlos, wenn sie nicht absurd wäre.« Ich vermute, daß irgend etwas in uns diese These sympathisch findet, ob wir ihr nun endgültig zustimmen oder nicht. Denn den Denkgewohnheiten vieler Zeitgenossen entsprechen zwei Vorstellungen von der Gottheit und ihrer Beziehung zur Welt. Die eine denkt das Göttliche als ferne Transzendenz, die den Lauf der Welt ganz sich selbst überlassen hat, so daß der Gott aus dem Spiel bleibt und aus dem Spiel gelassen werden sollte. Die andere denkt sich das Göttliche als etwas, das mit seinen Gesetzen so eins ist, daß dieses Göttliche sich selbst widersprechen, sich gewissermaßen in einer göttlichen Schizophrenie in sich selbst spalten müßte, wenn es Ausnahmen von diesem Naturgesetz zuließe oder gar selbst bewirkte. Ein wunderwirkender Gott, der heimlich an der Weltmaschine bastelt und Sonderleistungen in sie hineinzaubert, der erscheint als allzu primitive Vorstellung. Wir sind vielleicht bereit, Gott als den Herrn der Natur, den Begründer ihrer Gesetze anzuerkennen, aber wir können uns nur schwer vorstellen, daß er diese Gesetze in Einzelfällen außer Kraft setzt. Das heißt aber, wenn man es genauer betrachtet, man hält Wunder für unmöglich, weil sie nicht in das Bild passen, das man sich von der Gottheit gemacht hat. Wir haben uns in aller Stille, ohne es recht zu merken, eine Dogmatik ausgedacht, die genaue Vorschriften enthält, wie ein ordentlicher Gott sich zu verhalten habe, was er tun dürfe und was er lassen müsse. Das Wunder wird aus einer meist latenten, unbewußten Theologie verworfen. Und hier fängt der Psychologe und mit ihm der Philosoph wieder an, sich unbehaglich zu fühlen. Beide müssen fragen: Hat denn der Mensch normalerweise von sich aus einen so tiefen und klaren Einblick in das Wesen der Gottheit, daß er mit Sicherheit feststellen könnte, wie es um das Verhältnis Gottes zur Welt und zur Natur bestellt ist, und wie infolgedessen die Gottheit mit der Natur umgehen könne, dürfe oder müsse? Wissen Albert Einstein oder Max Planck oder Karl Jaspers oder wußte unser Physiklehrer so genau über den lieben Gott Bescheid, daß einer von ihnen ihm Verhaltensvorschriften über den Umgang mit der Welt machen könnte? Denn die Naturwissenschaft kann vielleicht allenfalls sagen, was die Naturkräfte können, und was sie nicht können; aber sie hat doch absolut keine Möglichkeit zu wissen, was Gott kann und darf oder nicht kann und nicht darf.

Ich finde es darum vernünftig, daß wir ein wenig skeptisch und selbstkritisch bleiben, indem wir zugeben: Wir wissen einfach zu wenig über das Wesen der Gottheit und auch zu wenig über das Wesen von Natur und Naturgesetzen, um die Möglichkeit ausschließen zu können, daß Gott diese Naturgesetze unter anderem als das Medium benutzt, in das er vernehmbare, erfahrbare Zeichen hineinspricht. Wenn die psychologische Beobachtung zutrifft, daß die Ablehnung des Wunders in der Regel nicht auf wohlüberlegten Vernunftgründen beruht, sondern auf meist unbewußten, seelischen Strömungen irrationaler Art, dann muß man diese genauer untersuchen. Wo liegen die Hindernisse einer sachlichen und sachgemäßen Einstellung zum Wunderbericht? Wenn ich keinen anständigen Grund und damit kein Recht habe, die Möglichkeit von Wundern von vornherein auszuschließen, dann heißt das natürlich nicht, daß ich fortan alles glauben muß, was irgendeine Legende erzählt. Aber ich halte es für vernünftig und fair, daß man dem, der Wunder als Augenzeuge berichtet, nicht vorschreibt, was er gesehen haben kann und was nicht. Er ist dabeigewesen, nicht wir. Natürlich kommt es vor, daß Augenzeugen sich irren, oder daß sie lügen. Wir müssen die Glaubwürdigkeit von Zeugen prüfen. Aber einen Augenzeugenbericht über Wunder ungeprüft von vornherein ablehnen, das könnten wir nur, wenn wir die naive Selbstsicherheit Rousseaus teilten, der so ganz genau über das Wesen der Gottheit, die Grenzen ihrer Möglichkeiten und das Wesen der Natur Bescheid zu wissen meinte. Das könnten wir mit anderen Worten nur, wenn wir unkritisch und unskeptisch unserer eigenen theologischen und naturwissenschaftlichen Unfehlbarkeit vertrauen wollten.

Warum nun ist eine solche logisch und psychologisch unsachliche Einstellung gegenüber dem Wunderbericht so verbreitet? Was im Menschen sträubt sich gegen das Wunder? Warum ist es für ihn ein Unwert, den er fürchten, verachten und ablehnen muß? Zunächst ist es verständlich, daß Menschen keine Wunder mögen, die den souveränen Gott ablehnen, weil sie ihre eigenen Wege gehen wollen. Aber das wäre in vielen Fällen eine zu schnelle und zu unfreundliche Erklärung. Warum fällt denn gerade dem modernen, dem wissenschaftlichen Menschen so schwer, was in der Antike weder den Gerechten noch den Ungerechten schwergefallen ist?

Wir haben die achtbaren Gründe studiert, wir müssen uns nun den weniger achtbaren zuwenden. Man hat sich in der Neuzeit angewöhnt, die Wissenschaft zu kanonisieren, sie heiligzusprechen und von vornherein vorauszusetzen, daß Wissenschaft auf Wahrheit gerichtet ist und auf sonst nichts. Aber das ist doch wohl eine naive Verkennung der menschlichen Natur. Man übersieht über der Selbstverherrlichung der Wissenschaft, daß der Mensch auch immer mit seinen dunklen Seiten, mit seiner Rechthaberei, Voreingenommenheit und seinen Verdrängungstendenzen in seiner Wissenschaft steckt, und daß von daher die Wissenschaft selbst notwendig auch dunkle Seiten haben muß. Das wird sichtbar in einem symbolkräftigen Begebnis. Ein Theologe des 12. Jahrhunderts beweist in seiner Vorlesung die Göttlichkeit des Menschensohnes. Der Beweisgang ist ein Glanzstück logischer Kunstfertigkeit, und die jungen Leute, die zu seinen Füßen sitzen, applaudieren ihm begeistert. Da hebt der Lehrer die Hand und ruft: »Jesulein, Jesulein, wie leicht könnte ich dich auch vernichten!«

Eine finstere Geschichte, in der sich zeigt, wie der Mensch Wissenschaft und wie er Theologie treiben kann. Es ist eine Weise der Theologie, in der er versucht, Gott wie einen Tanzbären an einem Seil über einer Grube balancierend hinter sich herzuziehen. Dann kann der Mensch sagen: Schaut das Seil an, ich schneide es jetzt durch, und der Gott ist hin. Er fällt in den Abgrund. Nichts mehr ist von ihm übrig, es gibt ihn nicht mehr. Wissenschaft kann immer als Waffe magischen Verfügens über die Wirklichkeit und gegen die Wirklichkeit benutzt werden, und sie wird nicht selten so benutzt. Welch herrliches, gottähnliches Kraftgefühl muß darin liegen, den Schöpfer so an den Fäden des Beweises zu halten wie eine Marionette, die dem Spieler in der Hand liegt, um ihn dann zu vernichten mit der magischen Macht der Logik! Wenn ich meinen Beweis etwas anders baue, und wenn ich das logische Geschoß dieser magischen Rationalität etwas anders richte, dann habe ich den lieben Gott aus der Welt geräumt, dann ist er tot. Und ich, der Mensch, der Professor, bleibe übrig als der höchste Intellekt im Kosmos, als der Herr der Welt. Gerade dies hat sich in der philosophischen Dialektik oft ereignet. Das kann der Mensch. Der Gelehrte kann selbst die sichersten, handgreiflichsten Wirklichkeiten mit ein paar Schüssen aus diesem logischen Kanönchen magisch beseitigen, viel besser als der Medizinmann im Busch. Man kann mit dieser Waffe allerhand anrichten. Man kann ein ungeheures Macht- und Wichtigkeitsbewußtsein aus dieser Fähigkeit gewinnen, nicht nur die Menschen, sondern die Welt nach der eigenen Laune, nach Wunsch und Willen zu formen.

Diese Qualität der Wissenschaft, ein Zaubermantel der Selbstverherrlichung zu sein, ist eine für den schwachen und eitlen Menschen gefährliche Qualität. Mit ihrer Hilfe entdeckt er, daß er mächtiger ist als der allmächtige Gott, und daß er mit dieser Magie den Allmächtigen, seine Werke und seine Anordnungen zunichte machen kann. Denn diese Werke und Anordnungen Gottes sind für den Menschen oft lästig und unbequem. Sie sind Demütigungen, die ihm wert scheinen, beseitigt zu werden. Sigmund Freud hat von drei großen Demütigungen gesprochen, die die Menschheit in ihrer Geschichte erlitten hat. Die erste ist die des Kopernikus, in der der Mensch aus dem Mittelpunkt des Alls herausgeworfen wurde. Die zweite die des Darwin, die ihm sagt, daß er nur ein Tier unter Tieren sei. Die dritte Demütigung hat Freud, wie er sagt, selbst dem Menschen zugefügt, als er ihm zeigte, daß er nicht Herr im eigenen Hause seiner Person sei, sondern daß die allmächtigen Triebe über ihn verfügen. Freud hat jedoch eine frühere und tiefere Demütigung, die der Mensch erlitten hat, vergessen. Es ist die biblische Botschaft, die dem Menschen sagt, daß er nicht viel taugt, daß er von sich aus nicht Gottes fähig ist, daß er von sich aus in der Richtung auf Gott und auf sein eigenstes Lebensziel und Heil nichts wirklich Geltendes und Gewichtiges wissen, hoffen und tun kann.

Die entscheidende Wahrheit, die Heilswahrheit, kann er

selbst nicht finden. Sie muß ihm gesagt werden in einer göttlichen Mitteilung, ja er kann sie nicht einmal direkt aus der Hand Gottes entgegennehmen. Wie leicht und wie gerne würde der Mensch glauben, wenn ihm der Glaube auf dem Wege einer Privatoffenbarung zugestellt würde, in der Gott mit ihm als vornehmem Partner direkt korrespondierte. So ist es nicht. Von seinesgleichen, ja von Leuten, die dümmer sind, weniger gelernt haben als er, weniger vornehm und oft auch weniger anständig sind, muß der Mensch sich die Heilswahrheit sagen lassen. Das ist demütigend.

Eine weitere Demütigung, die Protest weckt, liegt in der Tatsache, daß die wesentlichen Wirklichkeiten, mit denen es der Glaube zu tun hat, unverfügbar und nicht manipulierbar sind. Sie entziehen sich unserer Macht und unserem Wollen. Die wirklich bewegende Einsicht in existentiell wichtige Sachverhalte ist unverfügbar. Sie geschieht selten, wir können sie weder rufen noch halten. Das Selbst, unser eigenes Wesen, ist selten so in sich gesammelt, so anwesend, daß wir unser selbst inne und mächtig werden. Meist laufen wir selbstentfremdet durch die Welt. So verhält es sich auch mit der Anwesenheit Gottes, die uns nicht verfügbar ist. Die sich als Abwesenheit, Unzugänglichkeit, Versagung des verborgenen Gottes gibt und uns eine beschwerliche Wirklichkeit ist. Daß alles Große, alles Tragende, alles Wesentliche unverfügbar ist, kann der moderne Mensch schwer ertragen; ebenso unverfügbar ist aber auch das Faktische, das historisch einmalige Ereignis, das sich von uns nicht im Experiment auf seinen Wahrheitsgehalt hin erpressen läßt. Es ist eine Demütigung für uns, daß wir dieses Faktische, die harte geschichtliche Tatsache, nicht vernehmen können wie ein Kriminalkommissar einen Delinquenten, sondern daß wir es da stehenlassen müssen, wo es steht, und wo wir nicht sind und nicht hingehen können: in der Vergangenheit, im Anderswo, in der Vermittlung durch Zeugen, auf deren Glaubwürdigkeit wir auf Gedeih und Verderb angewiesen bleiben. Das geschichtliche Faktum wirft uns in eine schlechthinnige Abhängigkeit von unseresgleichen. Eine Abhängigkeit, die uns die Nachprüfung im direkten Hinschauen oder im Anknipsen des Fernsehgeräts unmöglich macht. Diese Faktizität auch des göttlichen Ereignisses ärgert uns einfach.

Auch diese Wirklichkeit in ihrer Unverfügbarkeit ist für uns hart. Auch darum versuchen wir, uns sophistisch an ihr vorbei-zuzaubern. Wir ziehen uns zurück in den magischen Zirkel, der durch unsere wissenschaftliche Methode und ihre Strenge ausge-spart ist und uns abdichtet gegen die Wirklichkeit und die Wahr-heit.

So sitzen wir in unseren Laboratorien und Bibliotheken wie Adam hinter dem Gesträuch, und Gott muß uns fragen: Adam, wo bist du? Besonders ärgert uns aber, daß ein Weiteres unserer ratio unverfügbar bleibt. Unverfügbar ist – wie schon gesagt – das einmalig geschichtlich Faktische. Unverfügbar, rational nicht kontrollierbar und daher dem Glauben überantwortet bleibt auch der Wirklichkeitsbereich, der für unsere Existenz der schlechthin wichtigste ist, die Innerlichkeit, das verborgene Herz anderer Personen. Trotz aller Psychologie, trotz aller Tests und Psychoanalysen bleibt es uns nicht erspart, das Innere des anderen, seine Gesinnungen, sein Zu-mir-Stehen, seine Treue, seine Liebe, seine Entschlusse von ihm glaubend entgegenzu-nehmen, ohne darüber kontrollierend verfügen zu können. Ra-tional verfügen kann man auch über das Innere der Person nicht, die für uns letztlich die wichtigste ist, nämlich über das Denken und Wollen Gottes. Wir können mit dem Netz einer rationalen Logik uns allenfalls der Existenz Gottes versichern; aber wie er mir gesinnt ist und was er von mir will, wie er über mich denkt und mit mir plant, das muß er mir sagen und das kann ich nur seinem eigenen, durch das Machtzeichen ausgewiesenen Wort entnehmen, ich kann es in keiner Weise und mit keinem Elektro-nengehirn logisch errechnen.

Das alles sind nun Sachverhalte, gegen die wir uns wehren, weil sie Zumutungen für uns sind, weil sie uns demütigen und weil der Mensch das Wesen ist, das immer wieder gegen demüti-gende Determinanten seines Daseins protestiert, das Wesen, das sich gegen die Wirklichkeit sträubt und versperrt. Aber ist es nicht gerade das Faktum, die Tatsache, die die moderne Erfah-rungswissenschaft zu ihrem Leitstern gemacht hat? Gerade sie sollte sich nun gegen das Faktische auflehnen, das sich ihrer Ver-fügung entzieht, das sich nicht im Experiment beliebig wieder-holen läßt, gegen das Faktische, das einmal und nur ein einziges

Mal geschieht und geschehen ist? Was wäre das für ein Abfall? Was wäre das für ein Beweis einer unsachlichen Abwehrhaltung? Mit dem Wunderbericht als Faktum, als Protokollsatz, ist gerade der moderne Mensch in seinem besonderen, auf das Faktische gegründeten Wissenschaftsethos beim Wort genommen. Er will Fakten. Wohlan, er hat sie. Aber er sollte nicht sagen: Was eine Tatsache ist, bestimme ich.

Ich glaube nicht an Wunder, ich weiß sie.

Nicht als ob ich je eines selbst erlebt hätte. Mein Wissen ist indirekt. Ich kenne so viele Berichte über Wunder, die von soliden Fachleuten aufs Peinlichste hin- und hergewendet wurden, daß nur Einsicht in die Unmöglichkeit mich hindern könnte, so gut belegte Dokumentationen ungeprüft abzulehnen: So bin ich an die allgemeinen wissenschaftlichen Regeln des Umgangs mit, sagen wir, zunächst unwahrscheinlichen Berichten gebunden. Sie nötigen mich zur Anerkennung mancher Wunderberichte.[1]

Religion kennt das beschädigte Leben; unser Partner – der behinderte Mensch

Als Alexander Solschenizyn das Manuskript seines Buches »Krebsstation« der Zensur vorlegte, und als die ersten Abschriften von Hand zu Hand gingen, da war es klar, daß dieses Buch es schwer haben würde, in der Sowjetunion gedruckt zu werden; nicht, weil es Mißstände schilderte, weil es Funktionäre verspottete oder weil es eine andere Form des Sozialismus befürwortete, sondern letztlich, weil es dem naiven Fortschrittsglauben und Glücksoptimismus des Sowjetmenschen jene unerbittliche Realität gegenüberstellte, die das Konzept eines solchen Optimismus heute und für alle Zukunft sprengt, eben die »Krebsstation«; Leiden und Tod des unheilbar Kranken, das Zerbrechen aller innerweltlichen Hoffnung und alles Lebenssinnes an der furchtbaren Grenze der zerstörenden Krankheit und des Todes. Diese Krebsstation steht nicht nur für viele andere Stationen, in denen unheilbar Kranke und behinderte Erwachsene und Kinder gepflegt und gefördert werden. Nein, diese Krebsstation ist unsere ganze Welt, die ihr Todesurteil in jeder lebenden Zelle mit sich trägt wie der kranke Mensch seinen Krebs. Die Station ist das Tal der Tränen, von dem es heißt: Lachen hat seine Zeit. Weinen hat seine Zeit. Diese Krebsstation ist jenes exakte Meßinstrument, jene Waage, auf der die Kraft des marxistischen wie jedes Humanismus gewogen wird, gewogen und zu leicht befunden. So wie ein gewaltiges politisches Gebilde gewogen werden kann durch das Gewicht nicht dieses Buches, aber durch das Gewicht der Gewalten, die es beschreibt, der Gewalt des frühen Todes, der ein soeben begonnenes aufsteigendes Leben vorzeitig abbricht und der Gewalt der unheilbaren Krankheit mit der ihr eigenen Leistungsfähigkeit und Nutzlosigkeit. So wird auch unser Leben als Leben von einzelnen, als Leben von Familien, als

Leben der Gesellschaft und der Kirche auf die Waage gestellt und gemessen durch die Begegnung mit dem behinderten Menschen. Die Geburt eines geistig behinderten Kindes oder besser die Erkenntnis von der geistigen Behinderung ist ein ungeheurer Schock. Das Auftreten einer geistigen Behinderung oder Geisteskrankheit in einer Familie ist zunächst eine dem Gesunden kaum vorstellbare Katastrophe, schlimmer wahrhaft in vielen Fällen als der Tod eines lieben Angehörigen. Viele Eltern geben zu, daß sie von bewußten oder unbewußten Todesphantasien und Todeswünschen gegen ihr behindertes Kind gequält werden. Den betroffenen Menschen, den Eltern vor allem, wird auf elementare Weise fühlbar, wie sehr ihr Wohlbefinden auf einer persönlichen und familiären Selbstgefälligkeit aufbaut, auf einer Abart dessen, was das Neue Testament die »Hoffart des Lebens« nennt; man könnte den griechischen Begriff, der dieser Übersetzung zugrunde liegt, auch übersetzen mit »Protzerei der Vitalität«. Stolz auf jene vitale Selbstherrlichkeit, die den Gesunden und die gesunde Familie oft kennzeichnet. Wer ehrlich mit sich selbst ist, macht die Erfahrung, daß ein ursprüngliches und unausweichliches Element unser aller Beziehung zum behinderten Menschen das der Ablehnung, der Angst, ja des Hasses ist. Ein naturhaftes Moment.

Die Euthanasie als Versuchung wird bei uns durch die Hintertür moderner theologischer Experimente ebenso eindringen wie die Ehescheidung und wie viele andere Dinge in das theologische Gespräch kommen. Ich will hier nicht einem reaktionären Konservatismus in der Theologie das Wort reden. Auch die Theologie muß in ihren Gedanken »experimentieren«, aber sie wird sich dabei gelegentlich auch in Überlegungen ergehen, die im Gegensatz zum Geist des Evangeliums stehen. Sie wird das nicht immer vermeiden können, und darum müssen wir alle auf der Hut sein, daß wir auch der Theologie gegenüber kritisch bleiben. Gefördert werden solche Erwägungen überall gerade durch den Fortschritt der Medizin, da sie mit ihren Mitteln viele Kinder an das Licht der Welt befördert, die vor hundert Jahren nicht geboren worden wären, und weil sie vielen Menschen das Leben weit über die Kindheit hinaus erhält, die vor hundert Jahren das zweite Lebensjahr nicht überstanden hätten. Die Christen sind

keineswegs der Versuchung fern, zu fühlen und zu denken: Geh'
fort, damit ich nicht leide und geh' endgültig fort, damit mein
Leben leichter werde. Martin Luther hat schwachsinnige Kinder
als massa carnis, Fleischklumpen, bezeichnet, die man ersäufen
solle, und er hatte dazu einleuchtende Argumente. Der Mensch
ist dazu bestimmt, Gott zu erkennen und zu lieben und ein Leben des Dienstes Gottes im Vollzug der Freiheit zu leben; das ist
der Sinn menschlichen Lebens. Es gibt aber viele Fälle von geistiger Behinderung, in denen man fragen kann, ob die Voraussetzungen für eine Gotteserkenntnis und für einen Freiheitsvollzug
gegeben sind. So liegt die Frage nahe, ob denn Gott will, daß
diese Menschen leben. Denn bei geistig schwer Geschädigten ist
Freiheit, Gotteserkenntnis und damit der Sinn ihres Daseins
nicht einfach selbstverständlich. Kurzum, auch in einer christlichen Gemeinde gehen die geistig Behinderten heute noch nicht,
aber in absehbarer Zeit auf Messers Schneide. Partnerschaft mit
dem geistig behinderten Menschen verlangt darum nicht nur
fromme Gefühle mitleidiger Zuwendung, sondern bedarf der
Anstrengung des Gedankens. Es ist eine im Grunde philosophische Einsicht, die uns sagt, daß jeder Mensch, so schwer er auch
immer behindert sein möge, Person und darum Rechtssubjekt
ist. Nur von solcher Einsicht ist die Überwindung der Urangst
vor diesem fremden, unheimlichen Wesen möglich, die Überwindung der ursprünglichen Ablehnung dieses anderen durch
Anerkennung des behinderten Menschen als eines Wesens, das
Rechte hat, das ein Rechtssubjekt ist und bleibt, unabhängig von
seiner geistigen Leistung. Ein Rechtssubjekt, an das niemand
Hand anlegen darf, aber gleichzeitig eines, das seine Rechte nicht
selbst vertreten und verteidigen kann. Die geistig und körperlich
Behinderten können jetzt und in Zukunft keine mächtige Lobby
bilden, sie haben keine Interessenverbände und keine starken
pressure groups, die die Mächtigen dieser Erde mit ihrer Macht
beeindrucken könnten. Es nützt ihnen nichts, wenn sie streiken,
denn sie leisten nichts. Der Rechtsgedanke und das Rechtsgefühl
sind hier der letzte gemeinsame metaphysische Grund, den wir
mindestens von unserem Gefühl her noch mit Nichtchristen ge-
meinsam haben, soweit sie die Person als Rechtsträger absolut
respektieren. Jeder Christ und jeder rechtlich denkende Mensch

muß sich klarmachen, daß er verpflichtet ist, einen Anteil zu übernehmen am Amt des Rechtsschützers, des Anwalts, der für die eintreten soll, die ihre Rechte nie und nimmer selbst wahren können. Im Neuen Testament ist die Gruppe dieser Schwachen, die Rechte haben, aber sie nicht wahren können, mit dem Stichwort der »Witwen und Waisen« beschrieben. Das Neue Testament sagt, daß wahre Frömmigkeit nur da sei, wo die Rechte der Witwen und Waisen beschützt werden. Wir dürfen das erweitern dem Sinne nach: also auch die Rechte derer, denen es wie Witwen und Waisen entweder an Kraft oder an Mündigkeit fehlt, ihre Rechte selbst zu schützen: nämlich der Behinderten. Die vornehmste Aufgabe ritterlichen Dienstes am Nächsten war es stets, daß der Starke, der Gesunde und vor allem der Mächtige es zu seiner Ehrenpflicht machte, den Schwachen, den Hilflosen zu schützen, sein Recht zu verteidigen. Das ist ein fundamentaler Akt der Liebe. Es ist eine Zeitlang Mode gewesen, Recht und Liebe voneinander zu trennen und gegeneinander zu stellen. Aber was hätten wir für eine Welt der Liebe, was für eine schöne Welt, wenn jeder auch nur die Rechte des anderen aus ganzem Herzen gern anerkennen und fördern würde. Die Gerechtigkeit ist eine Tugend, die, wenn sie wirklich gelebt wird, schon Liebe lebt. Rechte anderer Personen anerkennen und verwirklichen, das ist schon die wichtigste oder eine der wichtigsten Wurzeln der Liebe. Das ist von unmittelbarer psychologischer Bedeutsamkeit. Aus der Urangst, der Urbedrohung, die selbst der nächste Mensch, selbst die Mutter, dem Mißgebildeten, dem geistig Behinderten, dem epileptischen Kinde gegenüber empfindet, auch wenn sie es sich nicht eingesteht, kommt so häufig die Klage an den Psychiater oder den Psychologen: Herr Doktor, ich kann dieses Kind mit seinem ungeheuren Anspruch, mit seiner Aggressivität nicht mehr lieben; das Kind ist böse zu mir, es schlägt mich, es beschimpft mich, ich kann dieses böse Kind nicht mehr lieben! Es ist eine große Erleichterung für solche Menschen, wenn man sie fragt: Können Sie versuchen, diesem Kind noch sein Recht zu geben, dieses Kind noch in seinen Rechten anzuerkennen? Es gibt viele Menschen, die erleichtert sagen: Ja, das kann ich, und das will ich aus ganzem Herzen. Sie sind getröstet und kommen besser zurecht, wenn man ihnen sagt: Wenn Sie das wirklich ernsthaft wollen, dann lieben Sie Ihr Kind, so gut Sie können.

Die Gerechtigkeit gegenüber dem behinderten Menschen – Grundlage aller Partnerschaft – ist durch die Entwicklung der Psychiatrie und Psychologie gerade dem Christen erheblich erleichtert worden. Das zeigt deutlich ein Rückgriff auf die Geschichte der Psychiatrie in den letzten hundert Jahren. Damals nämlich waren viele Dinge, die dem heutigen Psychiater und Heilpädagogen selbstverständlich sind, noch keineswegs klar. 1870 ist die Zeit, in der der Grundsatz des großen Psychiaters Griesinger herrschend wurde: Geisteskrankheiten sind Gehirnkrankheiten. Dieser Grundsatz ist wohl nicht die ganze Wahrheit, wie alle so einfachen allgemeinen Formeln; damals aber hatte er eine großartige, das Recht des Behinderten wieder aufrichtende Wirkung. Denn man hatte jene Periode der romantischen Medizin hinter sich, in der in Fortführung archaischer Gedankengänge die geistige Krankheit als Folge von Sünde und Schuld angesehen wurde. Es war gerade eine von christlichen Gedankengängen ausgehende Medizin, die diesen unheilvollen Gedanken vertrat. Er führte dazu, daß in der Öffentlichkeit der geistig und seelisch Kranke mit noch mehr Mißtrauen angesehen wurde. Dieser Kranke war einer, dem gerechterweise die Folgen seiner Sünden in der präzisen Quittung der Krankheit vor Augen gehalten wurden. Das ist auch recht naheliegend, wenn man vom Erscheinungsbild der Krankheit ausgeht. Natürlich kann man eine Depression auch als einen Mangel der notwendigen christlichen Tugend der Hoffnung interpretieren, als die Todsünde der Verzweiflung. Naütrlich könnte man einen Größenwahn als eine Übersteigerung und psychologische Konsequenz eines bis dahin verborgenen Hochmuts anschauen. Natürlich kann man bei einer psychopathischen Apathie oder Abulie fragen, ob hier nicht eine extreme Form der Grundsünde der Trägheit vorliege. Schließlich hat die leichtfertige Hypothese, die Selbstbefriedigung führe zur Erkrankung des Gehirnes und Rückenmarks, im öffentlichen Urteil wie im Urteil der Ärzte verhängnisvolle Vorurteile gegen geistig Behinderte begünstigt. Die Erkenntnis, daß viele Geisteskrankheiten, geistige und psychische Behinderungen, nicht Folgen persönlicher Schuld, sondern Organkrankheiten oder deren Folge sind, bedeutete eine moralische Rehabilitierung der Behinderten. Die Klärung psychiatrischer Probleme bringt eine Mehrung der Gerechtigkeit mit sich, die wir dem Kranken widerfahren lassen. Es wird oft vergessen, daß die christliche Anthropologie vom geistig und seelisch behinderten Menschen eine wichtige Lehre erhalten hat, die unsere gesamte Seelsorge und Erziehung verändert hat. Wir haben nämlich vom geistig und seelisch Behinderten, vom Psychotiker und Neurotiker gelernt, daß es nicht nur Scheinheiligkeit in der Welt gibt, sondern auch Scheinbosheit; daß ein Verhalten, welches böse aussieht, außerhalb des Raumes der Freiheit oder in verminderter Freiheit geschehen kann und deswegen kein eigentlicher menschlicher Akt ist. Unzählige Christen sind aus Kirche und Glauben herausgeseelsorgt worden, weil man sie durch eine zu einfache Vorstellung von Willensfreiheit in Verzweiflung gestürzt hat, als wäre Freiheit ein Geschenk-Päckchen, das das Kind zu seinem sechsten Geburtstag auf dem Gabentisch vorfindet; nun hat es sie, diese Willensfreiheit, und nun kann es mit ihr handeln. Nein, die Freiheit ist etwas Werdendes, wie der ganze Mensch ein Werdender ist, sie hat ein Mehr und Minder, sie kann in der Neurose, in der Psychose, in der geistigen Behinderung vermindert und partiell aufgehoben sein.

Partnerschaft mit dem geistig Behinderten bleibt unvollständig, wenn sie sich nur auf sachlich-fachliche Hilfe, Gerechtigkeit und Barmherzigkeit stützt. Sie bedarf darüber hinaus der Dankbarkeit.

Es ist gut, wenn wir die Einstellung der Hilfe von »oben« nach »unten« korrigieren durch eine Einstellung der Dankbarkeit. Wie ist das möglich? In einer rein medizinischen, naturalistischen Betrachtung ist Krankheit, ist geistige Behinderung eine technische Panne des Lebens, eine Störung, die dazu da ist, behoben, überwunden, verhindert und möglichst ganz und gar aus der Welt geschafft zu werden. Das ist ein einleuchtender und vernünftiger Gesichtspunkt. Als Arzt bin ich dazu da, um an dieser großen Arbeit der Bekämpfung, Überwindung und Vorbeugung der Krankheit mit allen Kräften teilzunehmen; aber es gehört zu meiner tragischen Situation als Mensch, daß ich von vornherein weiß, daß all dieses ärztliche Bemühen in aller Zukunft nicht zu einer heilen Welt ohne Krankheit, ohne Behinderung führen wird, daß mit einem Wort die Medizin das Leid der Welt nicht abschafft, sondern im großen Ganzen nur lindert, ja, daß sie sich glücklich preisen darf, wenn sie es nicht indirekt noch vermehrt. Weil das so ist, fühle ich mich als Mensch und als Christ genötigt, diese Situation auf ihren Sinn zu befragen, und dann zeigt sie ein ganz anderes Gesicht. Derselbe Herr der Welt, der mich auffordert, als Mitmensch und als Arzt mit allen Kräften mich nach diesem Beispiel des hilfsbereiten Handelsreisenden aus Samaria zu richten und alles in meiner Macht stehende zur Überwindung der Krankheit zu tun, dieser selbe Herr der Welt, der so viele Kranke geheilt hat, hat doch gar nicht daran gedacht, die Krankheit als solche abzuschaffen. Er hat Krankheit, Leid, alle möglichen Formen des menschlichen Scheiterns und der Frustration, alle möglichen Weisen von Mühsal, Beladenheit, Bedrängnis und Not als notwendige und heilsame Realitäten auf unseren Lebensweg gestellt und mit ihnen auch solche Menschen, deren ganze Existenz von chronischer Krankheit, chronischer Behinderung so gezeichnet ist, daß die Krankheit geradezu zu ihrem Auftrag, zu ihrer Berufung, zu ihrem Lebenssinn gehört. Sie helfen sich und uns, indem sie ihr krankes Dasein ertragen und uns ihr krankes Dasein zumuten. Der gesunde, kräftige, mächtige, reiche Mensch bedarf des Armen, des Schwachen, des Kranken, des Hilfs- und Schutzbedürftigen, weil er in der Partnerschaft mit ihm und keinesfalls ohne diese Partnerschaft das eine lernt, was er unbedingt lernen muß, *daß nämlich der Weg zu seinem Heil und zum Heil der Menschheit ein Weg nach unten ist*. Die natürliche Tendenz des Menschen ist eine Aufstiegsbewegung, er will oben sein, am Licht, in der Sonne, an der Macht, im Genuß, im Reichtum. Er will die Verheißung an sich erfüllt finden, eritis sicut deus: Ihr werdet sein wie Gott. Er will möglichst viel vom Leben haben, er will von allem das Beste, er will hochgeachtet von anderen sein, er rivalisiert, er möchte die anderen ausstechen und sie zu seinen Bewunderern und Untertanen, ja zu seinen Lustobjekten machen. Das christliche Rezept für seine Heilung sieht aber genau umgekehrt aus. Es heißt: Die Letzten werden die Ersten sein. Freund, stelle Dich hinten an, dann wirst Du den richtigen Platz, das Ziel Deines Lebens erreichen können. Versuche, nicht der Herr, sondern der Diener aller anderen zu sein, suche nicht Publizität, sondern Verborgenheit, dränge Dich nicht vor die Fernsehkamera, sondern gehe dahin, wo niemand von Dir redet, wo Du keinen Ruhm gewinnen kannst und wo Du zum Hintertreppenpersonal gehörst, sorge dafür, daß in Deinem Leben möglichst viele Elemente von dem vorhanden sind, was im Sozialprestige ganz unten rangiert, sorge dafür, daß Du gutes »Dienstpersonal« bist; das ist Deine Chance, und es ist Deine einzige Chance. Wenn von dieser Tendenz nach unten in Deinem Leben gar nichts zu finden ist, dann sieht es mit Deinem Leben schlecht aus. Eines Tages freilich wird Dir diese Chance erneut angeboten werden, nämlich in Deiner Todeskrankheit, wo die Natur selbst Dich an die letzte Stelle, an den letzten Platz stellt, in extreme Schwäche, Hilflosigkeit, Machtlosigkeit und Armut versetzt. Und wenn Du keine andere Chance ergriffen hast, freiwillig der Letzte zu sein, freiwillig der Gescheiterte und Versagende zu sein, dann kümmere Dich wenigstens um diese.

Das klingt nun alles sehr unnatürlich oder übernatürlich. Dennoch haben sogar viele Menschen, die dem Christentum recht ferne stehen, für diese Dinge durchaus ein Gefühl. Welche Flut von Verehrung und Liebe haben Menschen wie Albert Schweitzer auf sich gezogen, der, statt die glänzende, ruhmreiche Karriere des genialen Mannes fortzusetzen, in einer plötzlichen Kehrtwendung sich ins dunkelste Afrika zu Primitiven gewandt hat, die für seinen Geist gewiß keine geeigneten Gesprächspartner und für seine Begabung keine geeigneten Bewunderer waren, sondern nur leidende, elende Mitmenschen, denen es auf einfachste Weise zu dienen galt. Albert Schweitzer hat sich nicht nur zum Arzt, sondern wirklich zum Dienstmann dieser Leute gemacht. Was in der Theorie so viele abstößt und ärgert, beeindruckt sie und imponiert ihnen doch in der konkreten Verwirklichung. Sie spüren, daß da ein Mensch dadurch, daß er nicht nach oben, sondern nach unten gegangen ist, das Letzte und Größte aus sich hat herausholen lassen.

Aber die meisten von uns haben denselben Sachverhalt noch in anderer Form unmittelbar zu spüren bekommen. Wir alle kennen den berühmten Familiennarzißmus. Denken wir an eine aufsteigende Familie mit einer Reihe von gesunden und begabten Kindern, einer sympathischen, eleganten Mutter, einem tüchtigen und ehrgeizigen Vater. In dieser Familie wird ein geistig behindertes Kind geboren. Wir kennen den katastrophalen Schock, den das für die Eltern und für die Familie zunächst bedeutet. Wir sind auch den Familien begegnet, in denen dieser Schock positiv verarbeitet worden ist, in denen er zu einer heilsamen Umwertung aller Werte geführt hat. Solche Familien können ein Wort davon reden, was sie dem behinderten Kind verdanken. Wie wesenlos, wie belanglos wird der Karriere-Ehrgeiz, der intellektuelle und kulturelle Anspruch, die gegenseitige Verherrlichung vor dieser neuen Familiensituation, die die Aufgabe stellt, mit diesem Kind, mit seiner Zukunft, mit der Belastung der Geschwister fertigzuwerden. Ich hoffe, daß auch jeder von uns die Erfahrung gemacht hat, wie ein längeres Leben im Dienste von Kranken und Behinderten zwar gelegentlich durchaus auch eine gewisse seelische Verholzung, eine Psychosklerose, eine Verhärtung und Verarmung mit sich bringen kann; daß es aber auf der anderen Seite eine Chance anbietet, im Dienste des Kranken und des Behinderten von Selbstlosigkeit, Güte und Heiterkeit durchgoren zu werden wie ein guter, alter Wein. Jedenfalls ist es meine Erfahrung: Wenn es in dieser Welt Engel gibt, dann hat man die größte Chance, in solchen Häusern hie und da einen zu finden. Wenn ich sagen wollte, wie es kommt, daß die feindselige, gehässige, böse Aggression des Menschen noch nicht dazu geführt hat, daß die Menschheit sich gegenseitig ausgerottet und umgebracht hat mit Stumpf und Stiel, dann würde ich glauben, daß diesem Überwuchern des Aggressiven, des Neides, der Bosheit, der Grausamkeit in der Welt zwei Dinge entgegenstehen: nämlich die Anwesenheit von Kindern und die Anwesenheit von Kranken, Schwachen, Hilfsbedürftigen und Behinderten in dieser Welt. Viele Menschen haben glücklicherweise während wichtiger Jahre ihrer Jugend entweder als Geschwister oder als Eltern die Erfahrung gewonnen, daß ihnen schutzbedürftiges, ohnmächtiges Leben anvertraut ist, sie anfordert und auffordert. An ihm werden sie einigermaßen genötigt, gewisse Grundlektionen der Selbstlosigkeit, der Zuwendung und der Aggressionsdämpfung zu lernen. Sie werden von der Natur gleichsam in die Rolle des Dienenden und Pflegenden gezwungen. Dasselbe geschieht mit der Gesellschaft als ganzer. Sie kann es gar nicht vermeiden, sich so zu gliedern, daß ein großer Teil ihrer Mitglieder vom hilfsbedürftigen, kranken Mitmenschen beruflich in ihre Lebensaufgabe gestellt wird. Es gibt den ganzen großartigen personellen und sachlichen Aufwand der modernen Medizin und Sozialfürsorge eben darum, weil der Kranke, der Hilfsbedürftige, weil das geschädigte Leben in die Partnerschaft mit der Gesamtgesellschaft gerückt ist und ständig ihre Aufmerksamkeit beansprucht. Wir Gesunden sind dadurch, daß es Krankheit und chronisch Kranke gibt, andere, als wir ohne sie wären. Unsere Welt, unser Daseinsbewußtsein ist anders. Die Existenz von Kranken erinnert uns beständig daran, daß Schmerz, Leid, uns allen zugedacht und zugeordnet sind, daß ihre Bewältigung eines Tages zu unser aller Schicksal gehört, und daß gegenwärtig eben die Kranken es sind, die stellvertretend für uns alle das Notwendige erleiden. Wir sind alle in Versuchung, dem Behinderten zu sagen: Geh fort, damit ich nicht leide. Wir haben alle die Chance, ihn zu bitten: Bleib bei mir, damit wir alle werden, die wir sein sollten.

Der behinderte Mensch braucht uns, und wir brauchen ihn. Denn der beste Berater und Therapeut, der es mit behinderten Menschen zu tun hat, ist wenig wert, wenn er nur ein technisches Können und ein wissenschaftliches Wissen aufzuweisen hat. Der Ratende und Helfende sollte vielmehr alles gesammelte Nachdenken darauf verwenden, möglichst viel vom Sinn der geistigen Behinderung selbst zu verstehen. Viele Eltern von Behinderten brauchen nichts so nötig, wie ein wenig mehr Licht und Einsicht für den Sinn auch des beschädigten Lebens, das ihnen anvertraut und aufgebürdet ist. Oft gibt ein Tropfen Sinnverständnis mehr Trost und Kraft, mehr Mut und Phantasie der Bewältigung als ein ganzes Faß von psychologischer und psychiatrischer Gelehrsamkeit. Das haben uns beschämend, aber eindrücklich, die Anthroposophen klargemacht. Hier liegen aber die wissenschaftliche Psychologie und Psychiatrie im Argen, weil sie mit ihrer Neigung zu einer positivistischen Vergötterung des nur Faktischen sich eine kindische Verachtung oder doch Nichtachtung des Wichtigsten, nämlich des Sinnes der Tatsachen, angewöhnt hat. »Facts are the greatest enemies of truth.« Fakten sind die größten Feinde der Wahrheit, sagt Don Quichotte in dem amerikanischen Musical »Der Mann von La Mancha«. Das ist gewiß wörtlich genommen ganz falsch, aber es wäre doch gut, wenn wir uns von der ironischen Weisheit, wenn auch nicht von der Übertreibung dieses großen geistig behinderten Kindes Don Quichotte belehren ließen, es sei denn, wir hätten wie Don Quichotte selbst noch bessere Meister und Lehrer, die uns den Sinn des scheinbar Unsinnigen zu erschließen vermögen. Der beste Berater in dieser Hinsicht, den die Eltern finden können, ist nicht der Psychologe oder der Arzt, es ist der Behinderte selbst, und er rät uns sehr gut, wenn wir Ohren haben, ihn zu hören. Ein behindertes Kind greift immer in das Steuerrad unseres Lebens. Dieses Kind macht es uns fast unmöglich, an unserer schier angeborenen Lebensphilosophie festzuhalten, die tausend Predigten ungekränkt standhält, nach der wir auf der Welt sind, um möglichst viel vom Leben zu haben. Es bringt Leute, die als metaphysische Playboys zu leben versuchen, zur Vernunft, zur Vernunft des Herzens. Es zwingt uns, an den Grenzen des Lebens zu wohnen, wo wir hingehören, in seinen Todesschatten zu blicken, der uns rechtmäßig und zu unserem Heile verordnet ist, in dem der Schmerz, das Leid, das Scheitern auf jeden von uns warten. Erst dieser Blickpunkt schenkt uns die richtigen Perspektiven. Die beständige Auseinandersetzung mit der Fürchterlichkeit des Daseins, die uns im Antlitz des behinderten, des leidenden Menschen anschaut, sie drängt uns, die Frage, was das alles soll, ernster und wahrhaftiger zu stellen und nach haltbareren Antworten Ausschau zu halten. Der behinderte Mensch weist uns beständig darauf hin, daß Menschsein nicht nur in der Form von Prachtexemplaren stolzer autonomer Vernunft und mündiger Selbstbestimmung vorkommt, sondern daß es immer, auch im sogenannten Gesunden, auch in der künftigen Herrlichkeit der klassenlosen Gesellschaft, die Form der Unmündigkeit und Schwäche, der schlechthinnigen Abhängigkeit und Angewiesenheit auf fremde Einsicht, auf überlegene Autorität, Hilfe, Führung und Güte hat, daß die Welt immer das Antlitz der Krebsstation zeigt und zeigen wird. Nicht einzelne unter uns, die wir in ein Ghetto abschieben können, sind das beschädigte Leben, sondern wir alle sind geistig behinderte Kinder, darauf angewiesen, daß schützende Hände uns den Weg finden lassen. Wenn wir von unseren behinderten Kindern den guten Rat annehmen, ihre undurchschaute Not und Hilfsbedürftigkeit, ihr ans Herz greifendes Vertrauen, ihre demütige Dankbarkeit und Freude in all ihrem Elend, ihr einfältiges Glücklichseinkönnen, auch als Bedingungen unseres eigenen Daseins anzuerkennen, dann sind wir wahrhaft gut beraten, und dann wissen wir, warum wir dem behinderten Menschen nicht nur die Pflicht der Gerechtigkeit zu erfüllen, sondern auch eine große Dankesschuld abzutragen haben.

Versteht die Kirche die Sexualität?

Gibt es eine menschenfreundliche Sexualmoral?

Böse Zungen sagen dem orthodoxen Katholiken nach, sein Credo laute: Ich glaube alles, was die katholische Kirche zu glauben vorlegt – ob es wahr ist oder nicht.

Das grelle Licht des Witzwortes beleuchtet eine Grundspannung katholischer Existenz. Der katholische Christ, hierin eines Sinnes mit Juden, Muslimen und allen, die mit dem Vorliegen einer göttlichen Offenbarung rechnen, will alles glauben, was Gott geoffenbart hat; er ist ferner aus vielerlei Gründen überzeugt, das mitgeteilte Gotteswort sei nicht als wehrloses Schriftdokument dem Strom der Geschichte und der Bodenlosigkeit des Beliebigen subjektiver Interpretation ausgesetzt worden wie Moses im Körbchen dem Nil, sondern einer Institution anvertraut, die mit dem Auftrag der authentischen Übermittlung auch die notwendige Fähigkeit und Legitimation zur Auslegung der Botschaft erhalten habe. Ohne diese Überzeugung verliert die Vokabel »katholisch« ihren Sinn. Mit dieser Überzeugung aber verbindet sich unvermeidlich jene Spannung, die aus dem Wissen stammt, daß diese authentische Autorität im Laufe ihrer Geschichte das Wort Gottes auch nicht selten falsch interpretiert hat, ihre Lehre revidieren mußte, und daß dies keineswegs skandalös ist, sondern gar nicht anders sein kann. Mitgeteilte Autorität ist nicht göttliche Autorität. Eine nüchterne, unanfechtbare Zusammenstellung von Fehlurteilen des authentischen Lehramts bis zu häretischen Aussagen von Päpsten würde viele Seiten füllen. Dies zu verheimlichen wäre eine »objektiv schwerwiegende Verletzung der Ordnung« einer kognitiven Ethik des Glaubensbewußtseins, eine allzu bequeme Verdrängung. Das Unfehlbarkeitsdogma des Ersten Vatikanischen Konzils hat als paradoxe Folge den Sinn der Theologie und der Gläubigen für die Fehlbarkeit des kirchlichen Lehramts in all jenen Äußerungen geschärft, in denen es nicht seine letzte Autorität aufbietet.

Daraus ergeben sich unvermeidlich auch Spannungen im Glaubensbewußtsein. Eine solche hat in der letzten Zeit einen vitalen Nerv in der Existenz aller Christen erreicht, nämlich die Sexualethik. Eine große Zahl von Bischöfen, Theologen und Laien, die von der Autorität, die Jesus Christus der Kirche gegeben hat, kein Jota abstreichen wollen, ist durch die Enzyklika *Humanae vitae* in eine Gewissenslage gekommen, die es in der Kirchengeschichte für einzelne oder Gruppen immer gegeben hat, die aber als Erscheinung der Kirchenöffentlichkeit neu ist. Die von dieser Gewissenslage Betroffenen haben keine innere Möglichkeit, ihre Zweifel an der Richtigkeit einiger Aussagen der authentischen Lehre über die Geburtenregelung in überzeugte aufrichtige Zustimmung zu verwandeln, selbst wenn sie sich der menschlichen Grundversuchung zu erwehren suchen, rechthaberisch die Unfehlbarkeit des eigenen Urteils zu behaupten. Diese Gewissenssituation des unüberwindbaren Zweifels wird nun durch die »Erklärung der Glaubenskongregation zu einigen Fragen der Sexualethik« für viele nicht überwunden, sondern vertieft und verschärft. Ein Theologe, ein Seelsorger oder Laie, der auf Grund der eigenen denkenden, forschenden, meditierenden und betenden Beteiligung an den Besinnungen der Gesamtkirche über die Entwicklung und Gestalt der katholischen Sexualmoral schwere Zweifel an einigen der überkommenen Auffassungen und deren Begründung hat, wird durch die »Erklärung« weder in eine Lage gebracht, die ihm ermöglicht, durch Akte der Glaubensloyalität und der Demut seine Zweifel in Zustimmung zu verwandeln; noch wird er in diesem Falle ein zurückhaltendes Schweigen im Gewissen vertreten können.

Darum wird es weiterhin viele dem Glauben der Kirche treu anhängende Bischöfe, Theologen, Ärzte, Psychologen, Eltern geben, denen die Antwort auf die dringliche Frage ihrer Schüler, Patienten oder Kinder, ob sie jetzt nach der klaren Lehre der Glaubenskongregation und des Papstes die feste Überzeugung gewonnen hätten, daß Selbstbefriedigung und andere von der »Erklärung« genannte sexuelle Verhaltensweisen vom Wesen der

Handlung her immer objektiv schwer gegen die sittliche Ordnung verstoßen, schwerfällt. Es wird viele geben, die nicht nur berechtigt, sondern verpflichtet sind, ihre Zweifel einzugestehen. Ohne Selbsttäuschung können sie die feste Überzeugung zur Zeit mit keinem Mittel gewinnen. Ohne Lüge könnten sie diese Überzeugung auch nicht vertreten. Dies ist nur eine psychologische Feststellung, aber sie scheint mir unbestreitbar.

Der innere Konflikt, der sich so ergibt, ist ungemein belastend. Er übertrifft den des Galilei bei weitem. Denn während sich Galileis Widerspruch gegen die Tradition auf harte Beweise stützen konnte, die den von Theologen damals für verbindlich gehaltenen Weltbildgehalt der Bibel als unhaltbar erwiesen, kann sich der neue Zweifel auf entgegenstehende Beweise nicht berufen. Man kann zeigen, daß manche Begründungen der »Erklärung« anfechtbar sind; niemand kann aber mit Sicherheit ausschließen, daß ihre Grundaussagen dennoch zutreffen. Zudem hat der Zweifelnde die drückende Last, verständlich zu machen, wie und warum der die Kirche in der Wahrheit haltende Geist eine Irreführung der Gläubigen in so wichtigen Existenzfragen zulassen kann. Schließlich sind »galileische« Kompetenzüberschreitungen des kirchlichen Lehramts in die Domäne der Naturwissenschaft nicht von so eingreifender Existenzbedeutung wie ethische Lehren. Kierkegaards Satz, ob der Mond aus grünem Käse sei oder woraus sonst immer, sei für die Existenz ganz gleichgültig, verrät mangelnden Sinn für den Bezug des Menschen zur Schöpfung, deutet aber den Rangunterschied an, um den es hier geht. Irrtümer über Sonne und Mond sind nicht unmittelbar heilswichtig; Irrtümer über Sexualethik können den Menschen ruinieren.

Mit dieser Spannung zu leben, ist schwer. Es ist viel wert, wenn das Moralische sich von selbst versteht. Wenn es den Charakter des Evidenten hat, wenn man sicher weiß, was man soll und darf, und was unter keinen Umständen erlaubt sein kann. Feste Überzeugungen sind eine notwendige Bedingung des Glücks. Wo immer Haltungen gegen Stürme des Triebdrucks, der Leidenschaft und des Verzagtseins zu behaupten sind, ist eine unangefochtene moralische Überzeugung eine schier notwendige Bedingung des Bestehens. Nun gibt es glücklicherweise zentrale moralische Überzeugungen, die von Menschen guten Willens mit großer Evidenz erlebt werden, auch wenn sie nicht in der Lage sind, diese Überzeugungen reflex zu begründen. Christen werden es in der Regel nicht schwierig finden, Mord, Diebstahl, Verleumdung und Vergewaltigung als schlechthin böse zu erkennen. Daß absolut verboten ist, was als eindeutiges Unrecht am Nächsten erkannt wird, ist wirklich schwer zu bezweifeln. Ganz anders steht es heute im Bereich der Evidenz der Sexualmoral.

Die Frage, wie wir Menschen uns und unserem Nachwuchs dazu verhelfen können, mit unserer Sexualität gut zurechtzukommen, ist nicht nur für die Mehrzahl der heute Lebenden problematisch. Sie war es in allen geschichtlichen Hochkulturen. Der problematische Charakter von Sexualität ist keine Erfindung von Moses oder Paulus; weder Judentum noch Christentum haben eine paradiesische Unbefangenheit zerstört und Unbehagen in der Geschlechtlichkeit gestiftet. Der Mensch hat seine sexuelle Verlegenheit von niemandem lernen müssen.

Dennoch ist die Frage berechtigt, ob und wie Judentum, Christentum und Kirche dem Menschen bei dem Zurechtkommen mit seiner Sexualität Hilfe geleistet oder ihn daran gehindert und seine Last vermehrt haben.

Die christliche Theologie hat es von Anfang an schwer gehabt, eine ausgewogene Sexualethik zu entwickeln. Jesus hat zu diesem Thema nur wenige Worte hinterlassen, und gerade sein Schweigen redet. In diesen wenigen Worten hat er die Ehe als einen von Gott gestifteten und darum untrennbaren Bund bekräftigt, der Treue bis in die innersten Regungen fordert.

Die Orientierung des jungen Christentums durch das Alte Testament bietet die Elemente einer menschenfreundlichen Sexualmoral, nämlich die Unantastbarkeit der Ehe und Treue, die Hochschätzung der Fruchtbarkeit, die unbefangene Rühmung erotischer Zärtlichkeit im Hohen Lied und in anderen Texten, die nüchterne Beschreibung der Verfallenheit an Sexualität mit ihren unmenschlichen Folgen: Davids Verrat und Mord aus sexueller Gier, den Frevel an den heiligsten Gastrechten im homosexuellen Massenterror der Männer Sodoms.

Dennoch hatte die Entwicklung der Sexualethik Belastungen zu bewältigen. Einmal vermochte die Christenheit des ersten Jahrtausends den Sinn der geschlechtlichen Ausstattung des

Menschen und der sexuellen Aktivität fast ausschließlich in der Fortpflanzung zu sehen. Zweitens empfanden die christlichen Intellektuellen der Antike, die Erfahrungen in und außerhalb der Ehe reflektierten, spontan oder unter dem Einfluß der Paulinischen Briefe und der dem Christentum verwandt scheinenden antiken Philosophien, die leidenschaftliche sexuelle Lust als Aufhebung der vernünftigen Besonnenheit und Freiheit, damit aber als mit menschlicher Würde unvereinbar. Ihrem Lebensgefühl war es unverständlich, daß der Mensch sich der Leidenschaft auch nur vorübergehend überlassen könne. Auch in der neuesten Zeit begegnet uns diese Erfahrung, z. B. in der Schilderung der beschämenden Erniedrigung, als die der junge Mahatma Gandhi den Beginn seiner Ehe erlebt hat. Aus ähnlichen Erfahrungen stammt wohl das eigentümliche antike Ideal einer Sexualität, die Fortpflanzung will und sexuelle Lust als unvermeidliches Übel in Kauf nimmt oder gar nach Kräften hintanhält. Die Verkünder dieses Ideals konnten sich zudem auf die Mahnung des Paulus berufen, »sein Gefäß nicht in Leidenschaft der Begierden zu besitzen wie die Heiden« (1 Thess 4,4). (Nach dem griechischen Sprachgebrauch kann »Gefäß« sowohl »Leib« als auch »Frau« bedeuten. Beide Übersetzungen sind in Gebrauch, die »Erklärung« wählt die zweite.)

Diese und andere Äußerungen der biblischen Schriftsteller über Ehe und Sexualität beziehen sich in schwer zu entziffernder Weise auf den Kontext der im Heidentum der Zeit herrschenden Anschauungen und deren Einbettung in religiöse und kultische Bezüge, in der Bibel »Götzendienst« genannt. Ohne diesen Kontext legen die biblischen Texte viele Mißverständnisse nahe. Auch solche Mißverständnisse gehören zu den Belastungen der Entwicklung einer ausgewogenen christlichen Sexualethik.

Die atmosphärische Einstellung des Christentums im ersten Jahrtausend seiner Geschichte gegenüber der Sexualität läßt sich auf die Formel bringen: Soviel wie nötig und so wenig wie möglich. Die ratsamste Weise, mit Sexualität zurechtzukommen, ist es, wenn möglich, keinen Gebrauch von ihr zu machen, ehelos und enthaltsam zu leben: Um des Himmelreiches willen, oder weil das Ende der Zeit nahe ist, oder weil die Ehe trotz ihres Wertes und ihrer symbolisch-sakramentalen Erhabenheit unvermeidliche Bedrängnisse auf dem Heilsweg mit sich bringt.

Auch in der Ehe gilt: Soviel wie nötig, um dem Fortpflanzungsgebot der Genesis zu gehorchen und um Versuchungen zur Unzucht zu mindern. Doch auch in der Ehe ist zeitweilige Enthaltsamkeit gut und ein Sich-Ausliefern an Lust und Begierde von Übel. Schon der Verkehr der Eheleute in der Schwangerschaft oder nach dem Ende der Fruchtbarkeit scheint im ersten Jahrtausend nur schwer zu rechtfertigen gewesen zu sein. Erst Thomas von Aquin gelingt die volle Rehabilitation der Lust.

Statt aller Versuche einer geistesgeschichtlichen Interpretation sei darauf hingewiesen, daß die mißtrauische Reserve dem Sexuellen gegenüber, die das Christentum durch die Jahrhunderte begleitet, kein staunenswertes Kuriosum ist, sondern sehr verständliche Gründe hat. Das Geschlechtliche hat eine auffällige Eignung und Neigung, Ausdrucksfeld des Ichhaften und seiner Überbetonung zu werden. Der Vitalwert der Lust hat hier eine besondere Tendenz, eine im Wortsinn fesselnde Faszinationskraft zu gewinnen, was in anderen Bereichen vielleicht doch seltener im selben Maße gilt. Als Faszinosum wird Sexualität zur Rivalin des Religiösen. Von ihrem Wesen her auf Überwindung der Grenzen des Individuums angelegt, verfällt sie unter dem Schein der Selbstüberschreitung leicht in Orgien der Selbstsucht. Ihre Neigung, zur Süchtigkeit auszuwachsen, kann mit allen Rauschgiftsuchten konkurrieren; ebenso gleicht die Tendenz, jede Rücksicht auf die Rechte des Nächsten brutal oder subtil zu mißachten, dem Charakter der Sucht und des Süchtigen. Die neue Sexualromantik neigt dazu, alle diese Phänomene zu verharmlosen oder der Einfachheit halber ganz zu übersehen. Sie verleugnet den Sachverhalt, daß integrierte, geglückte Sexualität eine seltene Erscheinung der gelungenen Entwicklung einer Person, einer Partnerschaft ist.

Das häufige Erscheinen des Sexuellen als eines Mißtons im Konzert menschlicher Kräfte und Regungen macht den in allen Kulturvölkern vorhandenen antisexuellen Affekt verständlich, der aus dem häufigen Mißlingen der Integration hervorwächst. Ein ungeordneter antisexueller Affekt drängt sich so auch leicht in Theologie und Praxis der Seelsorge und Erziehung ein. So schreibt ein sonst so sorgfältiger Moraltheologe wie H. Noldin

(1911): »Der Schöpfer hat die Lust und das Verlangen nach ihr in die Natur hineingelegt, um den Menschen zu einer Sache anzulocken, die in sich schmutzig und in den Folgen lästig ist.«[1] Welch ein Gottesbild! Falscher Zungenschlag dieser Art erzeugt einmal Mißtrauen gegen Moraltheologie, dann aber die Neigung, neuen Lehren mehr Wahrheitsgehalt zuzutrauen, als sie enthalten. Kritische Unterscheidung ist hier ein mühseliges Geschäft.

Nicht nur durch wachsende Einsicht in Irrwege der Vergangenheit ist die katholische Sexualmoral in ihre Krise geraten. Den Stand der Durchdringung ihrer philosophischen und theologischen Grundlagen, den sie im Hochmittelalter erreicht hatte, konnte die Moraltheologie im wesentlichen unangefochten bis in die Mitte unseres Jahrhunderts bewahren. In dem von Fritz Tillmann herausgegebenen großen deutschen Handbuch der dreißiger Jahre, das unter bewußter Lösung vom Schulthomismus eine Neuorientierung der katholischen Ethik aus neuen Ergebnissen der biblischen Theologie, der neuzeitlichen Philosophie und der empirischen anthropologischen Wissenschaften anstrebte, präsentiert sich die Sexualethik als Wissenschaft in abgeklärter Ruhe, fast frei von ungelösten Problemen und Kontroversen in dem Bewußtsein, auf dem festen Grund evidenter Prinzipien ein Gebäude makellos einsichtiger Folgerungen errichtet zu haben. Die Generation der Schüler, Hörer und Leser Tillmanns hat damals ohne Protest in diesem geistigen Bau wohnen können. Auch im protestantischen Raum wurde bei allen Unterschieden in der theologischen Begründung eine weitgehend ähnliche Sexualmoral vertreten. In dem geistvollen Versuch des Oxforder Literaturhistorikers C. S. Lewis unter dem Titel »Christentum schlechthin«[2], eine ökumenische Beschreibung der gemeinsamen Grundlagen der christlichen Konfession zu geben, wird eindrucksvoll und klug eine Position begründet, die mit der traditionellen katholischen geradezu identisch ist.

Das zufriedene Wohnen im moraltheologischen Burgfrieden ist vorbei. Das Bewußtsein einer Fragwürdigkeit der katholischen Sexualmoral hat verschiedene Quellen: Die psychotherapeutische Erfahrung brachte solide Verdachtsmomente, daß typische Bestandteile der moralischen Erziehung im Katholizismus ein gut Teil zur Entstehung von neurotischen und auch sittlichen Fehlentwicklungen beigetragen hätten, die man in der Zunft als ekklesiogene Neurosen bezeichnet. Ferner nahm die psychologische Erfahrung der Jugendseelsorger in der katholischen Jugendbewegung zwischen beiden Weltkriegen ebenso wie die Erfahrung der Theologenerzieher Ergebnisse der Kinsey-Reports vorweg, indem sie zeigte, daß auch bei den gewissenhaftesten und religiös eifrigsten Jugendlichen die Masturbation überaus verbreitet war. Daß gerade eine solche, sagen wir, religiöse Elite, zum großen Teil aus »schweren Gewohnheitssündern« bestehen sollte, wäre gewiß ein merkwürdiger Befund.

Schließlich zeigte die Entwicklung der Diskussion um die Geburtenregelung seit der Lambeth-Konferenz der anglikanischen Bischöfe und seit der Entdeckung neuer kontrazeptiver Methoden, daß die Ethik sich zur Lösung ihrer Probleme eine Selbstprüfung und Neuinterpretation zumuten mußte, die bis an vorher indiskutabel scheinende Fundamente ging.

Das wurde aller Welt deutlich durch die bekanntgewordenen Ergebnisse der von Papst Johannes XXIII. einberufenen und von Paul VI. erweiterten internationalen Fachkommission zu Fragen der Ehe, Familie und Geburtenregelung. In dieser Kommission gelang es in jahrelanger Arbeit einer Minderheit, die Mehrheit der Mitglieder von der Reformabilität wie von der Reformbedürftigkeit der Lehren Pius' XI. und Pius' XII. über die Geburtenregelung zu überzeugen. Diese Lehren schienen zu unhaltbaren Konsequenzen zu führen.[3]

Die Enzyklika wie die »Erklärung« gründen ihre Doktrin auf drei Pfeilern; auf der Lehre der Schrift, auf der philosophischen Analyse des Sittlichen, auf der Kontinuität der Tradition. Die Methode der Begründung in diesen drei Dimensionen scheint aber gewisse Entwicklungen nicht ausreichend zu berücksichtigen.

Während in der Moralphilosophie das überlieferte Prinzip, es gäbe objektive sittliche Normen, und sie seien erkennbaren vorgegebenen Sinnstrukturen der Wirklichkeit zu entnehmen, seltener in Frage gestellt wurde, fühlten die Theologen und Moralphilosophen eine wachsende Unsicherheit in seiner Anwendung auf die spezielle Ethik. Dabei ist psychologisch von Bedeutung, daß die philosophischen Diskussionen der Gegenwart, die intensivere Beschäftigung der Theologen mit der Transzendentalphilosophie, mit Sprachanalyse, neuer Logik, mit den Aporien Wittgensteins usw. einen gewissen neuscholastischen Triumphalismus des Ausruhens in der *philosophia perennis* erschüttert und intellektuelle Unsicherheit zurückgelassen haben. Auch wurden die metaphysischen Analysen der menschlichen Natur, ihrer Strukturen und Akte im tradierten Thomismus von vielen Beteiligten der Diskussion in verschiedener Weise verstanden oder auch mißverstanden. Die katholische Moraltheologie kann darum heute kaum mehr auf dem Boden einer unangefochtenen philosophischen Gemeinsamkeit diskutieren. Selbst die Bereitschaft, die Dinge einmal, sei es auch nur versuchsweise, auf einer thomistischen Basis zu klären, führt zu einem Thesenspektrum, das von Stefan Pfürtner[4] bis zu extremen Gegenpositionen reicht, denen die Erklärung der Glaubenskongregation geradezu laxistisch vorkommt. Es ist offenbar nicht leicht, dem Zeugnis des Hl. Thomas auf den Grund zu gehen.

Die Philosophie ist eine unsichere Kantonistin in der Sexualethik wie in jeder speziellen Ethik. Jenseits weniger grundlegender Prinzipien verliert sie schnell die Kraft, unerschütterliche Überzeugungen zu fundieren. So legt die traditionelle Fundierung der Verhaltensnormen in der erkennbaren Zielgerichtetheit der psychophysischen Natur des Menschen und ihrer einzelnen Strukturen spöttische Fragen von der Art nahe, ob das Befeuchten einer Briefmarke mit der Zunge nicht als unsittlicher Akt beurteilt werden muß, da doch weder Zunge noch Speichel ihrer Natur nach auf das Ablecken von Briefmarken hingeordnet sind. Das banale Beispiel mag eine abgründig törichte Verkennung der traditionellen philosophischen Gedankengänge enthüllen, doch bedarf es einer scharfsinnigen, vielleicht spitzfindigen Trennschärfe des Verstandes, hier die entscheidenden Unterschiede und deren Konsequenzen zu erkennen. Immerhin hat Papst Leo XII. auch die Pockenimpfung unter Berufung auf ihren widernatürlichen Charakter verworfen und bedurfte der Korrektur.

Ein schlüssiger Aufweis der sittlichen Normen des Gebrauchs der Geschlechtlichkeit setzt Einsicht in ihr Wesen und ihre Funktionen im Gesamt des menschlichen Lebens voraus. Hat die Kirche wirklich diese Einsicht seit ihrer Gründung in unüberholbarer Weise?

Befunde der Verhaltensforschung etwa legen die Vermutung nahe, Masturbation und andere Anregungen der Sexualsphäre seien bei Primaten und Menschen eine Bedingung der vollen Ausreifung der Sexualfunktion, ihre Unterdrückung führe in vielen Fällen zu voraussagbaren Schäden. Wenn das zuträfe, hätten wir einen Hinweis darauf, daß die hergebrachte Sinnanalyse der Sexualität nicht ausreicht. Ist das *a priori* ausgeschlossen? Wer kann z. B. die Meinung des Aristoteles und der alten Ärzte mit Sicherheit ausschließen, nach der die Sexualvorgänge nicht nur der Fortpflanzung, sondern auch anderen biologischen Zwecken dienen? Aristoteles dachte an humorale Ausscheidung, heute denkt man an eine das Streßsyndrom reduzierende Spannungsabfuhr, an Immunkörperstoffwechsel und an andere Zusammenhänge. Weiß die Theologie ein für allemal so genau, was Sexualität ist, was sie leisten soll und was nicht? Sexualität als biopsychologisches »Mehrzwecksystem« mit auch anderen Sinnlinien als denen der Fortpflanzung und der Kommunikation der Partner ist kein von vornherein absurder Gedanke, sondern u. a. eine Faktenfrage an die Forschung, die nicht ausschließlich mit philosophischen Analysen auf der Basis des Schulthomismus beantwortet werden kann.

Solche Gedankengänge machen es verständlich, daß die Beurteilung der Selbstbefriedigung als objektiv immer schwer unsittlich für viele nicht einsichtig wird. Für den Theologen kommt als Unstimmigkeit dazu, daß anerkannte Autoren die Selbstbefriedigung der Frau nach einem nicht zum Orgasmus führenden Verkehr für erlaubt halten.

Nicht nur die in der »Erklärung« dargelegte philosophische Begründung der Sexualethik stößt so auf Kritik, sondern auch die biblische Argumentation. Die Moraltheologie kann heute nicht mehr so unbefangen mit biblischen Texten arbeiten und mit ihrer Hilfe zu einer moralischen Evidenz gelangen, wie es die »Erklärung« für möglich hält. Eine biblisch begründete Sexualethik, die mit soliden exegetischen Methoden arbeitet, scheint nicht in der Lage zu sein, ein tragfähiges Fundament für alle Aussagen der »Erklärung« bereitzustellen. Die Heilige Schrift, so wird eingewandt, enthalte keine Aussage, die sich mit Sicherheit auf die Masturbation bezieht. Die erste des Lehramts

109

aber stammt aus dem Jahr 1045! Was bedeutet das Schweigen der Bibel und des ersten Jahrtausends?

Den ärgerlichsten Anstoß nehmen die Kritiker der »Erklärung« an deren Behauptung einer unveränderten Tradition der kirchlichen Sexualethik. Fundamentaltheologen und Historiker weisen darauf hin, daß diese Berufung auf Tradition außer den historischen Tatsachen die Frage außer acht lasse, ob es sich um eine bloß historisch faktische Tradition handele, ähnlich der, in der die Christenheit lange Jahrhunderte das ptolemäische Weltbild überliefert hat oder um eine eigentliche Glaubensüberlieferung in strengem Sinn; denn nicht alles, was alle Christen lange Zeit für wahr halten, ist darum schon Glaubensinhalt. Viele beantworten diese Frage schlicht mit: Weder – noch.

Das Zweite Vatikanische Konzil, noch mehr die Diskussion um die Enzyklika *Humanae vitae* machte klar, daß der eindrucksvolle Unterschied zwischen einer offenen, vielgestaltigen Theologie der Bischöfe, Theologen und regionalen Synoden des Erdkreises auf der einen und einer römischen Behördentheologie auf der anderen Seite die alte bequeme Antwort: »Roma locuta causa finita« nicht für alle Probleme zuläßt. Weder *Humanae vitae* noch die neue Erklärung der Glaubenskongregation haben die ihren Lehren entgegenstehenden Argumente widerlegt. Keines der beiden Dokumente scheint die zu ihren Thesen im Gegensatz stehenden Theologen im Gewissen überzeugt und zur Zustimmung bewegt zu haben. Keines der Dokumente hat den allgegenwärtigen Verdacht in der Kirche beschwichtigt, die Kirche in ihren römischen Organen sei in ihrer Doktrin im Bereich der Sexualität durch eine Kette von Fehlurteilen und uralten Fehlhaltungen durch die Jahrhunderte befangen. Beide Dokumente haben diesen Verdacht vielmehr durch ihre Diktion, unsorgfältige Argumentation und ihre Atmosphäre befestigt; nicht zuletzt durch die Sorglosigkeit, mit der trotz einer Fülle höchst anstößiger Aussagen über Sexualität in der Kirchen- und Theologiegeschichte jeder Schatten eines Verdachtes der Befangenheit abgewiesen wird; als gäbe es keine Historiker mehr in römischen Behörden. Auch die Entstehungsgeschichte des Dokuments gibt manchen Anstoß. Der Hauptredakteur ist jener Theologe, dessen einschlägige Entwürfe für das Konzil von der Mehrheit der

Bischöfe nicht einmal der Diskussion für Wert befunden und daher abgesetzt wurden. Vielleicht ist es von daher verständlich, daß Kardinäle, die selbst Mitglieder der verantwortlichen Glaubenskongregation sind, von der Existenz des Dokuments erst durch die Tagespresse erfuhren. Ein französischer Kardinal hat seiner Entrüstung über dieses Verfahren vor der Presse Ausdruck verliehen, ein deutscher auf andere Weise. Inzwischen ist in der »Theologisch-praktischen Quartalsschrift«[5] von Bernhard Häring, Professor der Moraltheologie an der päpstlichen Lateranuniversität in Rom, unter dem Titel: »Reflexionen zur Erklärung der Glaubenskongregation« eine ebenso aufrichtige wie energische Kritik erschienen. In ihr wird in sorgfältiger Detailanalyse auf zahlreiche methodische und sachliche Mängel der Erklärung hingewiesen. Vor allem werden deutliche Gegensätze herausgearbeitet, in denen die Erklärung sich von Aussagen des Konzils entfernt und einen Parteirigorismus fördert.

Das verbreitete Unbehagen an der »Erklärung« beruft sich auch auf ihren Widerspruch zu psychologischen und anderen anthropologischen Befunden der Wissenschaft. Hier ist freilich Vorsicht am Platz. Gewiß finden wir bei Psychologen oft apodiktische Aussagen über Ergebnisse ihrer Wissenschaft. Bei genauerem Hinsehen zeigt sich aber, daß die Methoden der heutigen Psychologie im Bereich der sog. allgemeinen Lebenserfahrung und der Zusammenhänge von Bedingungen, Ursachen und Folgen in menschlichen Entwicklungen zwar viele, aber in der Regel auch so vieldeutige Hinweise geben, daß eine schlüssige Interpretation ohne reichliche Zutaten aus dem ideologischen und weltanschaulichen Schatzkästlein des Sprechers gar nicht möglich ist.

Der in den USA lebende Germanist Erich Heller berichtet, wie er auf seine verwunderte Frage, warum die Mehrzahl der Teilnehmer eines Seminars in psychoanalytischer Behandlung sei, von einem Studenten die Antwort erhielt: »They suffer from repressed chastity.« Sie leiden unter verdrängter Keuschheit. Die witzige Umkehrung des psychonalytischen Dogmas leistet ein Stück Auflehnung gegen die Diktatur einer penetranten Vulgärpsychologie und -sexologie, die allenthalben zähflüssig, ölig-klebrig nicht nur in die Massenmedien, sondern auch in anspruchsvollere Bereiche, z. B. in die theologische Anthropologie einsickert.

Heute wie zur Zeit des Paulus ist es für alle Beteiligten, Laien, Theologen und professionellen Menschenkenner schwer, über Sexualität so unvoreingenommen nachzudenken, daß sie imstande sind, im Felde der empirischen Wissenschaft Tatsachen und Naturgesetze von Wunschdenken und Ideologie zu unterscheiden. Es gibt keine rundum verläßliche Sexualanthropologie, deren fundierte Ergebnisse der Moralphilosoph einfach zur Kenntnis nehmen könnte, sondern eine Überfülle in sich vieldeutiger und schillernder, höchst interpretationsbedürftiger Befunde der anthropologischen Wissenschaften und der vergleichenden Verhaltenskunde, die in einem Kontext diese, in einem anderen jene Auffassung stützen. Selbst ein Konsens der Forscher ist gewöhnlich kein *consensus omnium*, sondern ein Konsens bestimmter Schulen.

Kann also die Psychologie mehr leisten, als die Spannungen im katholischen Gewissen zu beschreiben? Keine ihrer Methoden erlaubt eine Aussage im Bereich der entscheidenden ethischen Frage, wie man einer inneren oder äußeren Handlung ansehen könne, ob sie wesenhaft unsittlich ist, *intrensice mala*. Allerdings könnte man die natürlichen Folgen eines Verhaltens zu dessen »Wesen« rechnen.

Psychologie kann allenfalls diese Frage nach den in der Regel zu erwartenden Folgen eines Verhaltens beantworten. Von der Art ist etwa Freuds These, uneingeschränkte Befriedigung der *Libido* lasse für soziale und kulturelle Leistungen nicht genügend Energie übrig und verzehre das zur Bewältigung des Aggressionstriebes notwendige Potential; oder die Behauptung des Psychoanalytikers Wilhelm Reich, vorehelicher Geschlechtsverkehr mache Frauen unfähig zur ehelichen Treue. Ähnlich könnte man zu zeigen versuchen, daß Selbstbefriedigung und andere Verhaltensweisen die Entwicklung der Liebesfähigkeit beeinträchtigen oder dem spirituellen Wachstum im Wege stehen und darum sittlich verboten sein müssen. Aber hier würde man Gefahr laufen, Ergebnisse mit möglicherweise falschen Ursachen zu verknüpfen. Wenn Selbstbefriedigung in sich nicht unsittlich ist oder dafür gehalten wird, wenn sie also mit gutem Gewissen getan werden kann, warum sollte sie dann die spirituelle Entwicklung und die Liebesfähigkeit schädigen? Gewiß gibt es auch Dinge, deren Unsittlichkeit nur aus der Kenntnis der Folgen abgeleitet werden kann, wie das etwa bei Genuß von Rauschgift der Fall ist. Aber Zusammenhänge dieser Art sind in unserem Bereich schwer zu beweisen, so handgreiflich sie für eine Alltagspsychologie zu sein scheinen. Weder die Verteidiger noch die Kritiker der »Erklärung« können sich auf in den einschlägigen Fragen entscheidende Ergebnisse der Psychologie oder Tiefenpsychologie berufen, so oft das auch geschieht. Manche Theologen neigen dazu, höchst anfechtbare und angefochtene Hypothesen der Tiefenpsychologie für erwiesene Wahrheit zu halten. Die Psychologie, ein Stock mit zwei Enden, eignet sich als Kronzeugin für oder wider ethische Lehren nur unter besonderen Bedingungen.

Empirische Forschung in Psychologie und anderen Wissenschaften kann für die Ethik dennoch von maßgebender Bedeutung sein, obwohl die Erfahrungswissenschaften nach Tatsachen, die Ethik nach Normen fragt. Das mag ein Beispiel zeigen: Wenn etwa die Entwicklungspsychologie beweisen könnte, daß eine lange Stillperiode mit ausgiebigem Körperkontakt für die Entwicklung des Menschen so unersetzlich wäre, daß Flaschenkinder von erheblichen Schädigungen bedroht wären, dann wäre eine Unterlassung des langdauernden Stillens ohne zwingende Gründe schwer unsittlich. Ob das aber so ist, kann nur eine methodisch sehr komplizierte Verlaufsforschung menschlicher Entwicklung zeigen. Heute schon ist die Annahme immerhin so wahrscheinlich, daß die Seelsorge guttäte, zur Sicherung einer günstigen emotionalen und sittlichen Entwicklung des Menschen sich etwas mehr um die Stillgewohnheiten von Müttern als um die sexuellen Gewohnheiten von Halbwüchsigen zu kümmern. Es könnte sein, daß mit der Sorge um das erste die um das zweite erheblich vermindert würde. Es scheint kaum eine bessere Vorsorge für eine gute sexuelle Entwicklung zu geben als Geborgenheit in zuverlässiger Zärtlichkeit während der Kindheit.

Die beschriebene Situation bedeutet, daß wir nüchtern in Zukunft mit der Existenz einer »doppelten Sexualmoral« in der Kirche rechnen müssen, der des authentischen Lehramts und der jener, die schlechthin nicht in der Lage sind, ihm überzeugt zuzustimmen.

Da auch die rigorosesten Vertreter der Kirche die große

Gruppe der *loyal dissenters* weder exkommunizieren noch als Häretiker abschreiben können und wollen, ist die Frage nach den für diesen Teil der Kirche rezipierbaren ethischen Normen dringend. Ihre Beantwortung ist für jedermann, auch für die »Traditionalisten«, eine verpflichtende Aufgabe. Jeder Vater, Pfarrer und Bischof muß sich überlegen, was er dem sagen kann, der trotz guten Willens nicht einzusehen vermag, daß Selbstbefriedigung vom Wesen her böse sein soll, daß eine unkorrigierbare homosexuelle Triebrichtung oder unfreiwillige Ehelosigkeit nur in lebenszeitlicher Abstinenz ausgehalten werden soll und daß auch bei einer auf Ehe ausgerichteten Verbindung die geschlechtliche Vereinigung unter allen Umständen schwer unsittlich sei.

Die Antwort scheint mir einfach genug. Glaube, Hoffnung und Liebe einer Generation sind nicht tödlich getroffen oder gefährdet, wenn sie die ihr unzugänglichen Teile eines ethischen Systems nicht anzuerkennen vermag, selbst wenn es sich um wichtige und richtige handelt. Wenn Erziehung, Seelsorge und das eigene Bemühen des Christen darauf gerichtet sind, daß er die ihm zugänglichen Normen und Werte mit Eifer und Opferbereitschaft ernstnimmt, wenn er sein Gewissen dem Evangelium und dem Geist nach Kräften zu öffnen versucht, dann wird er unvermeidlich auch eine wachsende Sensibilität für das Richtige im geschlechtlichen Verhalten gewinnen und einen Sinn für Verantwortung entwickeln. Wo aber der Eifer für die Nachfolge Christi fehlt, da wird auch die orthodoxe Anerkennung von Enzykliken wenig einbringen. Wer mit aller Härte zuerst auf dieser besteht, der provoziert Verachtung der Kirche und Haß Gottes, der zertritt den glimmenden Docht und löscht den Geist aus.

Auch wer das zugibt, fördert noch nicht die Meinung, daß die Kirche auf dem Wege sei, morgen zu sagen: Wenn man es recht bedenkt und sich vom tradierten Sexualpessimismus freimacht, ist die Tendenz, freizügige Orientierung an der jeweiligen sexuellen Bedürfnislage als sittlich unbedenkliches Verhalten zu empfehlen, durchaus mit Glaube, Vernunft und Gewissen vereinbar. Die jeweilige sexuelle Neigung ist das Natürliche, Gesunde und darum mit dem Willen Gottes identisch, wenn sie nicht gerade auf Vergewaltigung und Lustmord aus ist.

Ein Vertreter dieser Auffassung, A. Comfort, hat sein Buch

»Der aufgeklärte Eros« mit dem Untertiel »Plädoyer für eine menschenfreundliche Sexualmoral«[6] versehen. Das ist ein guter Titel, denn er enthält eine gute Frage: Wie muß eine menschenfreundliche Sexualmoral aussehen? Die Menschenfreundlichkeit macht ja das Wesen des Moralischen aus. Menschenfeindliche Ethik wäre Antiethik. Ethik ist u. a. Glückskunde, die Lehre von den Haltungen und Verhaltensweisen, die dem Menschen zuträglich sind, das Glücken seines Daseins gewährleisten. So weiß es nicht nur die Ethik des Aristoteles, sondern auch die des Neuen Testaments. Comfort propagiert eine permissive Sexualmoral, weil er nur eine solche für vernunftgemäß und darum für menschenfreundlich hält.

Die Rehabilitation der Triebe und Bedürfnisse durch die moderne Verhaltensforschung habe erwiesen, daß die natürlichen Bedürfnisse des Menschen, gerade wenn sie nicht durch »Moral« irritiert und verunsichert werden, als weitgehend vertrauenswürdige Orientierungsmittel des Verhaltens anerkannt werden sollten. Das Sexuelle sei von natürlicher Unschuld, es bedürfe eher wohlwollender permissiver Ermutigung und frühzeitiger Einübung als der Verbote und Einschränkungen.

Die »Erklärung der Glaubenskongregation« proklamiert eine strenge Sexualmoral, weil sie nur eine strenge für vernünftig, der Natur des Menschen angemessen und also für menschenfreundlich ansieht.

Gibt es Gründe, nur eine strenge Sexualmoral als menschenfreundliche Sexualmoral anzuerkennen? Es gibt sie, und zweifellos sind die Verfasser der »Erklärung« überzeugt, daß sie die menschenfreundlichsten aller Sexualnormen vertreten.

Vorab ist zu bedenken, daß Strenge weder Triebfeindlichkeit noch Lustfeindlichkeit besagt. Beides kommt immer wieder vor in der Geschichte des Menschen und des Christentums, beides ist aber auch grundsätzlich seit der Ethik des Thomas von Aquín überwunden, für den sowohl die menschlichen Antriebe als auch die Lust notwendige und wertvolle, wenn auch unzureichende Wegweiser des Verhaltens sind.

Wenn das Christentum dem Menschen ermöglichen will, seine Tendenz zum hedonistischen Egoismus, zur Ausbeutung des Nächsten, zur rücksichtslosen Eigenliebe zu vermindern und an ihre Stelle solide Haltungen der Gerechtigkeit, Solidarität, Barmherzigkeit, Dienstbereitschaft, Güte gegen Freund und Feind in sich aufzubauen, dann muß es darauf achten, alle Einstellungen und Verhaltensweisen zu bändigen, die mit Achtung des Mitmenschen und mit der Grundberufung, Gott und dem Nächsten ein Freund, Diener und Helfer zu sein, unvereinbar sind. Auch wenn man Lust für ein großes Gut und das Lustprinzip für ein notwendiges und wichtiges Orientierungsmittel allen Lebens hält, ist es offensichtlich, daß eine vorwiegend hedonistische Einstellung, eine Orientierung nur nach Triebdruck, Lustprinzip, Laune und Leidenschaft zwar mit einer sympathischen gemütlichen Gutmütigkeit und manchen anderen angenehmen Eigenschaften, niemals aber mit verläßlicher Gerechtigkeit und Liebe vereinbar sind, weil beide ohne eine elastische Bereitschaft und Fähigkeit, eigene Interessen und Begierden zurückzustellen, nicht bestehen können. Wessen Gott der Bauch ist oder das Geld, die Libido oder die Rechthaberei, kann kein verläßlicher Freund Gottes und des Nächsten werden. Es gibt eine Unvereinbarkeit menschlicher Grundhaltungen.

Gelungene, geglückte Integration der Sexualität in einem an dem Vorbild und der Gesinnung Jesu Christi maßnehmenden Leben bedeutet für den Menschen in der Ehe den entschiedenen Verzicht, das Weib des Nächsten zu begehren, den Verzicht auf sexuelle Phantasien mit anderen Frauen oder Männern. Kein gerade gewachsener Mann und keine Frau, die eine christliche Ehe eingehen, erhoffen von sich selbst und vom anderen eine andere Haltung. Die meisten Christen würden ohne diese Bedingung den Bund nicht schließen. Wenn, wer Ehe richtig leben will, ein Mensch der selbstbegrenzenden Reinheit und des Verzichts sein muß, dann ist es klar, daß er so nicht mit der Hochzeit vom Sakramentenhimmel fällt. Tiefe lebenstragende Haltungen wollen erworben sein. Christliche Haltung der Achtung des anderen, seiner Rechte, seiner Würde, geht in und außer der Ehe nicht zusammen mit dem gierigen, geilen, lüsternen und schamlosen Angaffen eines Sexualobjektes. Sonst hätte die Sprache diese Vokabeln nicht, die exquisit verdorbene Sexualität kennen und nennen.

Begierde ist in keinem Lebensbereich einfach vertrauenswürdig. Das Christentum ist nicht speziell sexualmißtrauisch, es traut der triebhaften Spontaneität nirgends über den Weg, weder der Aggression, obwohl es den gerechten Zorn kennt und anerkennt, noch dem Haben- und Behaltenwollen, noch dem Macht- und Geltungsbedürfnis; nirgends ist schlichte Unbefangenheit am Platze. Wo immer und wie immer Begierde auftaucht, heißt es auf der Hut sein, nüchtern und wachsam. Nüchtern, weil Begierde oft rauschhafte Züge und hinreißende Kraft enthält. Der Rausch nimmt Besonnenheit, Klarheit, Augenmaß. Der Rausch schenkt trügerische Faszinationen, verspricht Erfüllungen, die nicht vorhalten, schäumt Emotionen auf, die nicht tragen. Wachsam, weil Begierde unerwartet plötzlich und heftig angreift, wie Windböen den Segler.

Es geht um die Frage, unter welchen Bedingungen Sexualität im Kontext des Christenlebens glücken kann. Die Antwort wendet auf Sexualität an, was für alle menschlichen Anlagen und Aktivitätsbereiche gilt: Besitz, Beruf, Interessen, Vergnügungen. Sie alle gelingen nur, ermöglichen nur dann dauerhafte geglückte Existenz, in einer spirituellen Sprache ausgedrückt: Frieden und Freude, wenn sie mit gutem Gewissen vollzogen und genossen werden. Umgekehrt wird jede Aktivität auf die Dauer zur Quelle von Unzufriedenheit, Depression und Destruktion, der diese Bedingung fehlt. Die triviale Binsenwahrheit »unrecht Gut gedeiht nicht« ist als ökonomisches Gesetz offensichtlich falsch, als psychologisches aber um so richtiger. Für Vollzug und Genuß sexueller Lust gilt nun dasselbe wie für jeden anderen Genuß auch. Sie werden toxisch und verderben das innere Klima gründlich, wenn sie dem Widerstand des Gewissens ausgesetzt sind oder ihn verdrängen und verleugnen müssen.

So weit, so gut. Zu den psychologischen Grundbedingungen geglückter menschlicher Existenz gehört Askese, verstanden als die beständige Mühe des Menschen, kein Reiz-Reaktions-Automat zu werden, sondern zwischen Reiz und Reaktion jenen Zwischenraum des Ansichhaltens und Steuernkönnens zu gewinnen, der ihm ermöglicht, auch gegen den Druck von Begierde und Leidenschaft sich an Vernunft und Berufung zu halten, wie Freud es ausdrückt. In der Studie »Der Moses des Michelangelo« schreibt Freud, der Künstler habe die Gestalt des Moses zum Ausdrucksmittel gemacht für die »höchste psychische Leistung, die einem Menschen möglich ist, für das Niederringen der eigenen Leidenschaft zugunsten und im Auftrag einer Bestimmung, der man sich geweiht hat. «[7]

Wir finden aber im Katholizismus ein häufiges Entgleisen des Asketischen gerade im Bereich des Sexuellen, weil die Atmosphäre in katholischen und puritanischen Familien überaus häufig durch den schon beschriebenen ungeordneten antisexuellen Affekt und durch eine ungeordnete sexualpessimistische Angst verdorben wird. Beide Affekte führen nicht selten zu dem verhängnisvollen Versuch, sexuelle Ordnung mit ungeeigneten Mitteln ohne Verständnis für die affektive und intellektuelle Aufnahmefähigkeit des Betroffenen, ohne Klugheit, Zartgefühl und Güte rigoros zu erzwingen. Psychotherapeuten wissen, welche erschreckenden Ausmaße fanatische Torheit, lieblose Härte und peinliches Totschweigen gerade in der Behandlung des Sexuellen in katholisch-puritanischen Familien und pädagogischen Institutionen erreichen.

Es gibt einen relativen Sexualpessimismus in der Neigung, die Gefahren des Sexuellen gegenüber erheblich gefährlicheren Antrieben wie Hochmut, Rechthaberei, Egoismus an die erste Stelle zu setzen. Weiß z. B. der normale Empfänger von Religionsunterricht und Predigt, daß Paulus von der Liebe zum Geld sagt, sie sei die Wurzel aller Übel (1 Tim 6,10)? Solches sagt er von sexueller Unordnung nicht, so sehr er sie verurteilt.

Es besteht für mich kein Zweifel, daß ein Mißtrauen gegen die christliche Sexualmoral unter anderem darin begründet ist, daß mindestens der neuzeitliche Katholizismus seit der jansenistischen Infiltration allzu selten ein günstiges Wachstumsklima in Familie, Erziehung und Spiritualität für eine glückliche Bewältigung des Sexuellen zustandegebracht hat. Allerdings ist zu fragen, ob die Feststellung nicht auf den ebenso zutreffenden wie albernen Vorwurf hinausläuft, es sei dem Christentum nie gelungen, eine heile Welt herzustellen. Alles rundherum Geglückte ist doch auch im christlichen Raum wohl eher Ausnahme als Regel. Unter den Faktoren aber, die ein ungünstiges Klima erzeugt haben, scheint mir jene Form des Rigorismus Hervorragendes zu leisten, die über den wahren oder in falscher Sicherheit für wahr gehaltenen Objektivitäten des Sittengesetzes, die es gibt, die subjektiven Bedingungen seiner Rezeption vergißt, die es auch gibt.

Ein Lehrschreiben zur Sexualethik ist keine psychologische Abhandlung. Aber es will Adressaten unserer Zeit erreichen und sollte nicht den Verdacht erwecken, von der neueren Entwicklung einer Theologie, Philosophie, Psychologie und Sozialwissenschaften integrierenden katholischen Anthropologie unberührt zu sein, die, bei Newman angefangen, große Theologen zu ihren Begründern zählt. Die Glaubenserkenntnis, das Gewissen und die Freiheit werden so behandelt, daß das alte vulgärtheologische Mißverständnis nicht sehr fern liegt, es handele sich da um Sachen, die man zum siebten Geburtstag fertig auf dem psychischen Geburtstagstisch vorfindet. Daß Freiheit nicht einfach da ist, sondern eine mühsam, unter viel Unkraut wachsende, tiefe Einsicht in die kategorische Notwendigkeit und Sinnhaftigkeit des Sittengesetzes und des speziellen Gebotes voraussetzt; daß Gewissen und Freiheit krank und schwach bleiben, wo diese intellektive Wurzel schwach ist oder in der ökonomischen Beschränkung der geistigen Kräfte auf einige Leitwahrheiten andere nicht so erreicht, daß sie Freiheit einbringen – dieses alles ist unter dem Stichwort »kognitive Konkupiszenz«[8] oder anderen Stichworten in der gegenwärtigen moralpsychologischen und pastoralpsychologischen Diskussion präsent, in der »Erklärung« aber nur allzu beiläufig angedeutet.

Psychologisch scheint mir dem relativen Sexualpessimismus ein unrealistischer Sexualoptimismus zu entsprechen. Die Meinung nämlich, bei beständigem Bemühen um die Gesinnung Jesu Christi und bei sorgfältigem Gebrauch der notwendigen Hilfsmittel, der Sakramente, des Gebetes, des meditierenden Eindringens in die Gedanken und Motive des Jesus, bei täglicher Einübung von Selbstüberwindung und Rücksicht auf den Nächsten werde sich gewiß die Fähigkeit einstellen, die sexuelle Enthaltsamkeit vor und außerhalb der Ehe und die vollkommene Treue in ihr zu halten, ohne Rücksicht auf Unterschiede der persönlichen Reife, der Triebstruktur und Ichstärke, ohne Rücksicht auf den Grad der seelischen Gesundheit usw. – diese Meinung scheint mir einmal fragwürdig zu sein in sich selbst und zweitens außerhalb der Kompetenz des kirchlichen Lehramts zu liegen.

Gewiß ist der Psychotherapeut nicht in der Lage, die Meinung zu widerlegen. Grade der Freiheit und Freiheitsminderung kann niemand messen. Doch liegt ihm die Auslegung näher, im Bereich der Sexualität jedenfalls seien einer erheblichen Zahl von Mitmenschen die mildernden Umstände und die verminderte Verantwortlichkeit von pathologisch Labilen oder Süchtigen zuzubilligen. Ebenso aber, wie kein vernünftiger Seelsorger einem Christen, der unter Alkoholismus oder einer anderen Sucht leidet, versprechen kann, durch eifriges Gebet und Anwendung aller Gnadenmittel werde er sicher jeden Exzeß künftig vermeiden können, ebenso mag er sich oft genug der Sexualität gegenüber verhalten. Es ist dem Christen versprochen, daß nichts ihn gegen seinen Willen von der Liebe Christi trennen könne, es ist ihm nicht versprochen, daß er immer das objektiv Falsche mit Sicherheit werde vermeiden können.

Denn wer kann sicher wissen, daß eine festgehaltene religiöse Grundentscheidung dadurch aufgehoben wird, daß sich ein Mensch mit seiner persönlichen Triebkonstitution und Lebenssituation unter der Wegweisung der objektiven Normen nicht zurechtfindet und darum zu den ihm im Augenblick möglich scheinenden Notlösungen greift? Auch wenn man überzeugt ist, daß kein Mensch das Recht hat, einfach beliebig zwischen einer homosexuellen und einer heterosexuellen Aktivität zu wählen, so scheint es mir doch denkbar, daß ein Mensch von unkorrigierbarer homosexueller Konstitution oder Prägung auch bei einer eindeutigen sittlichen Grundentscheidung für sich keine Möglichkeit sieht, ein Leben dauernder sexueller Abstinenz zu realisieren. Für sein Bewußtsein scheint nur die Wahl zwischen einer homosexuellen Promiskuität und einer möglichst dauernden homophilen Freundschaftsbindung zu bestehen. Wenn man eine solche kasuistische Überlegung ins Grundsätzliche wendet, dann vermissen die der »Erklärung« opponierenden Moraltheologen in ihr wohl den Sinn dafür, daß auch die persönliche Sittlichkeit eines Menschen in der Kunst des Möglichen besteht. Ferner, daß die Annahme, den meisten ernstlich unter Anwendung aller geeigneten Mittel sich Bemühenden werde es möglich sein, die objektive Norm zwar nicht vollkommen, aber doch unter Vermeidung jeder objektiv schweren Verletzung einzuhalten, eine der kirchlichen Autorität nicht zustehende statistische Annahme über die

Verbreitung von psychologischen Hindernissen der Freiheit enthält. Statistische Aussagen sind keine Offenbarungsinhalte. Wenn es überhaupt Menschen gibt, deren Freiheitseinschränkung die Einhaltung der *minima moralia* unmöglich macht, dann kann eine römische Kongregation nicht wissen, wie hoch deren Anteil an der Population der Kirche ist. Die unterschwellige Vorstellung, es könne sich nur um eine kleine Minderheit handeln, müßte durch ein theologisches Argument gesichert werden.

Aus vielerlei Gründen scheint in den letzten Jahrzehnten die Zahl der Menschen zugenommen zu haben, die in der Kindheit schwere Störungen ihrer Gemüts- und Gefühlsentwicklung erlitten haben. Sie sind oft nicht in der Lage, dem alltäglichen Weltangebot immer wieder ein Existenzminimum nahrhaften seelischen Unterhalts zu entnehmen: Freude, Erfolg, Liebe, bewältigtes Leid als sinnvoll erkannte Versagung. Für solche Menschen bringt die Entdeckung sexueller Lust und Beglückung die Linderung eines beständigen, unerträglich scheinenden depressiven Mangelzustandes mit sich. Die Zumutung, den Vitalwert der sexuellen Lust im Dienst anderer verpflichtender Werte zu opfern, wenn er mit ihnen in Konflikt gerät, scheint ihnen so unerträglich, wie dem Süchtigen das Opfern der Droge zugunsten der Gesundheit lebensbedrohend vorkommt. Diese verbreitete pathologische Situation, in der das Sexuelle den Schein des Lebensrettenden gewinnt, ist von sexuellen Versuchungen seelisch gesunder Menschen recht verschieden. Sie erschwert den Zugang zu ethischen Einsichten in diesem Bereich ungemein, und sie mindert die Freiheit, der Einsicht zu folgen. Die Lehrschreiben regionaler Synoden und Bischofskonferenzen in Europa haben im Bewußtsein solcher Hindernisse sich um die äußerste Sorgfalt in der Begründung einer differenzierten Sozialethik und um die größte Rücksicht auf die Bewältigung der Verständnishindernisse des Hörers bemüht.

Sie versuchen, das Bewußtsein der Adressaten durch die Türen zu betreten, die noch offen sind. Das ist ein guter Weg. Denn wirksam wollen kann der Mensch nur, was er als erreichbaren und ihm angemessenen Wert nicht nur in seiner offiziellen Konfession begrifflich zur Kenntnis nimmt, sondern mit Herzenseinsicht seiner existentiellen Konfession einzuverleiben vermag.

Kennt die Religion den Menschen?

Der verhältnismäßig karge Bezirk der wissenschaftlichen Psychologie liegt inmitten der wilderen und üppigeren Landschaft einer intuitiven Menschenkenntnis. Auch die theologische Anthropologie tut gut daran, die heiligen Schriften vor dem Hintergrund nichtchristlicher Religionen zu verstehen, auf die sich diese Schriften selbst häufig beziehen.

Intuitive Anthropologie finden wir auch in allen Religionen. Sie sagen etwas über den Menschen. In ihnen scheint sich eine geschichtliche Übereinstimmung der Völker darüber zu finden, was vom Menschen zu halten ist. Alle scheinen hervorzuheben, daß er ein ungenügsames Wesen ist, das nicht vom Brot allein lebt. Ein Mangelwesen, nicht nur der Erde, sondern auch des Himmels. Alle mahnen ihn, sich nicht mit irdischem Gut zufriedenzugeben. Alle erinnern ihn daran, daß ihm die Huld der Götter nicht selbstverständlich zusteht; daß er der Gottheit mißfallen könnte, darum Erbarmen erflehen, in Opfern Schuld sühnen, Strafen erdulden sollte. Alle religiösen Lehren, Kulte, Gesetze enthalten eine anthropologische Botschaft, und nach ihr fragen wir. Vielleicht gibt es so etwas wie einen Konsens der Geschichte, und vielleicht sind wir bereit, auf ihn vorläufig eher hören zu können als auf die so belastete, so entstellte und verstellte Botschaft des Christentums, die viele kaum noch hören und noch weniger verstehen können.

Was aber soll es für einen Sinn haben, daß ein notorischer Nichtfachmann, weder Religionswissenschaftler noch Theologe, Gedanken zu diesem Thema vorbringt?[1] Für mich sind darin zwei Dinge wichtig. Einmal scheint mir jene tolerante Haltung, in der jeder Religion nicht nur politische Gleichberechtigung, die notwendig ist, sondern innere Gleichwertigkeit zugesprochen wird, für alle entwertend und vernichtend. Wer alle gleich anzunehmen vorgibt, kann keine mehr ernst nehmen. Auf der anderen Seite möchte ich eine Möglichkeit finden, in jeder Religion einen vorläufigen Heilsweg zu sehen, auch in Religionen mit entsetzlichen Aspekten. Dies gelingt dann und nur dann, wenn Religionen wie Erze mit hohem Gehalt an edlen Metallen angesehen werden können, die dem Einzelnen ermöglichen, in ihnen Zugänge zum Heil zu finden, wenn er solche sucht.[2]

Es scheint nicht schwer zu sein, dem Wort Religion eine Bedeutung abzugewinnen, die das in allen Religionen Gemeinsame trifft. In allen scheint es doch um die Beziehung des Menschen zum Göttlichen, zum Absoluten, zum Unendlichen zu gehen. Wer mit dieser Vorstellung von Religion ein Zen-Kloster besucht, dem kann es begegnen, daß ihm ein Zettel in die Hand gedrückt wird, dessen Text sagt: »Zen ist eine Religion ohne Gott und ohne Buddha. Zen ist eine Religion ohne zu verehrende Objekte. Zen ist eine Religion, die das Selbst verehrt. Zen ist eine Religion, die nach einem tiefen Bewußtsein des Selbst strebt.« Der Leser des Textes spürt, daß hier nicht einfach ein willkürlicher Mißbrauch des Wortes Religion vorliegt, sondern eine faszinierende Begriffswende. Der Verfasser des Textes sagt: Tatsächlich gibt es eine Wirklichkeit, die mit allem Einsatz verehrt und gepflegt werden muß und deutlich im Bewußtsein ergriffen werden soll. Aber sie ist nicht ein göttliches Gegenüber, ein anderes, zu dem ich eine Beziehung suche oder vorfinde. Das zu Verehrende, das im Bewußtsein zu gewinnende Gut ist das Selbst. Dort ist alles zu finden, was sonst Religion ihren Anhängern verspricht. Seligkeit, Friede, Freude, wunschloses Glück, Erleuchtung, Weisheit, der richtige Weg. Wer sein Selbst hat, hat alles, was überhaupt für den Menschen zu haben ist. Ihm fehlt nichts mehr. Er hat die große Befreiung erfahren.

Zen-Mönche betrachten die Mystiker des Christentums nicht ohne Sympathie. Sie gestehen zu, daß einige Christen dieselben Grunderfahrungen der Gewinnung des Selbst gemacht haben wie sie; aber sie meinen, diese hätten überflüssigerweise ihre Erfahrungen falsch gedeutet, indem sie Gott nannten, was einfach Selbsterfahrung der eigenen seelischen Tiefe und damit des

Seinsgrundes war. Wenn also Zen-Buddhisten ihre Lebensweise Religion nennen, so meinen sie mit dem Wort die Verehrung und Pflege des höchsten Wertes, des höchsten Gutes, der im Universum zu haben ist, eben des Selbst.

Ich hebe diese Auslegung des Religionsbegriffes hervor, weil hier der Punkt ist, von dem her heute eine Synthese von Psychotherapie und Religion gesucht wird. C. G. Jung und Arthur Janov kommen darin überein, daß sie wie der Zen-Buddhismus von der Eroberung jener Seelentiefe, die von beiden »das Selbst« genannt wird, allen Gewinn erhoffen, den früher der Mensch außerhalb seiner Selbst, im Gegenüber des Göttlichen suchte. Nun ist die Rede von der Gottheit als »Gegenüber« allzu anthropomorph. Die christliche Lehre spricht von der Allgegenwart Gottes und sagt, daß der Gott dem Menschen innerlicher sei als sein Innerstes. Auf der anderen Seite kommt es auch im Buddhismus vor, daß das »Nichts« wie oder als eine Person angesprochen wird: »Du Nichts.«[3] Die sogenannte Selbsterfahrung könnte eine mystische, aber anonyme Gotteserfahrung sein, die in voreiliger Interpretation das eine mit dem anderen verwechselt. Es gibt ja keine Erfahrung ohne Interpretation, und es gibt nur wenige Fälle, in denen Erfahrung unfehlbar, nicht von Irrtum bedroht wäre. Aber auch ein Christ kann mit Angelus Silesius sagen: »Halt an, wo läufst du hin, der Himmel ist in dir; suchst du Gott anderswo, du fehlst Ihn für und für.« Denn der Christ glaubt nicht nur die Transzendenz des »ganz Anderen«, sondern auch die Immanenz des immer anwesenden Gottes.

Wie auch immer man nun Religion definiert, eine Gemeinsamkeit bleibt übrig: Religion ist das, was den Menschen ins Heil bringt, in das eigentliche Existieren, in die letztmögliche Freiheit, zu seinem höchsten Gut, Wert, Ziel und Sinn; Religion ist jenes, was das Leben letztlich sinnvoll und lebenswert macht, die notwendige Bedingung geglückten Menschseins.

Zahllose Menschen sind der Meinung, weder Gott noch das tiefe Selbst sei der Mühe wert. Sie glauben, Welt und Natur seien so zweckmäßig zur Selbstversorgung eingerichtet, daß ein Ausleben aller Gefühle und Bedürfnisse der beste Lebenskompaß sei. Gut ist, was am meisten bringt.

Aufgrund des Evolutionsprozesses sei der Mensch so genau in

die Welt eingepaßt, daß die Welt alles enthalte, was das Herz begehrt und was zum Glück notwendig ist. Mehr sei auch nicht zu haben. Entweder kommt der Mensch mit dem Gegebenen, mit den Tatsachen aus oder er verzehrt sich in unerfüllbaren Wunschträumen. Diese Auffassung von der Welt als dem einzigen und ausreichenden Versorgungsspeicher des Menschen kennt konsequenterweise nur eine Hauptsorge: Wie werden die Güter dieses Glücksspeichers Welt richtig verteilt; vom Einzelnen her gesehen: Wie komme ich zu meinem größtmöglichen und bestmöglichen Anteil? Sehe jeder andere, wo er bleibe. Anders gefragt, wie werden die würdigen Empfänger dieser Güter von den weniger würdigen und unwürdigen unterschieden?

Die religiöse Frage nach dem Heil des Menschen ermäßigt sich zu der Frage nach den polit-ökonomischen Bedingungen des Wohlbefindens und der Lebensqualität. Wenn nämlich das Heil eine Illusion ist, ein Traum und Kinderwunsch, dann tritt an seine Stelle mit Recht jenes universale Gut, das wir alle, Fromme und Unfromme, Zen-Buddhisten, Marxisten, Playboys ebenso wie Terroristen und Mönche auf sehr verschiedenen Wegen anstreben: Wohlbefinden, Sich-gut-Fühlen.

Ursprünglich ist Religion die Spezialistin für alles, die universale Erklärung und Gebrauchsanweisung für das Ganze, für alles Wichtige und für viele Einzelheiten. Religion sagt dem Menschen, wie er mit der Wirklichkeit zurechtkommt, wie Wohl und Heil zu finden sind.

Religion kennt nicht nur den Menschen und die Götter, sie kennt auch die Natur. Sie ist das Universal-Wissen, zuständig für alle Fragen des Himmels und der Erde. Es gibt zunächst keinen Eigenbereich außerhalb ihrer. Kultur, Technik, Sitte, Politik, Wirtschaft, Kunst, Spiel, schlechthin alles hat religiöse Wurzeln und Bezüge. Das Sakrale ist so alldurchdringend, daß die Entdeckung eines profanen Bereiches einen gewaltigen Schritt in der Entwicklung des Bewußtseins darstellt.

Über die Entstehung von Religion gibt es drei mögliche Grundauffassungen:

Religion kann das Ergebnis einer Mitteilung der Gottheit an den Menschen sein. Gott spricht, der Mensch hört und glaubt dem sich mitteilenden Gott.

Die zweite Theorie sieht Religion als das Ergebnis menschlichen Phantasierens, Intuierens, Nachdenkens und Vermutens. Die vorgefundene Wirklichkeit enthält Momente, die den Geist drängen, über sie hinauszugehen. Hinter dem Sichtbaren ein Unsichtbares, hinter dem Relativen ein Absolutes, vor der Schöpfung einen Schöpfer zu vermuten. Die Theorie faßt also Religion als Ergebnis eines unmethodischen, naturhaften Philosophierens auf und rechnet damit, daß Religionen, ebenso wie alle Philosophien, Wahrheit und Irrtum in schwer unterscheidbarer Mischung enthalten.

Die dritte Auffassung setzt ohne weitere Begründung voraus, Religion könne keinen wirklichen Gegenstand und keinen Wahrheitsgehalt haben, weil die der menschlichen Erfahrung zugängliche Wirklichkeit, die Welt der Tatsachen, nicht den geringsten Anhaltspunkt enthielte, es gäbe noch irgend etwas anderes außer eben diesen handfesten Tatsachen, deren Darstellung und Erklärung Sache der Wissenschaft sei. Keinen Anhaltspunkt für Göttliches. Religion müsse eine psychologisch zu erklärende Illusion des Menschen sein, eine grandiose Fehlleistung, dennoch aber von Wert; weil sie Angst mindert, Hoffnung und Trost spendet, das soziale Gewissen beschwichtigt; manchmal sogar zu sozialem Verhalten anregt, die Herrschaftsverhältnisse stabilisiert und auch vielen für Kampf, Jagd und schwere Arbeit Ungeeigneten Versorgung, Ansehen und Einkünfte als Religionsbeamte sichert.

Auch diese dritte Auffassung, die in vielen Varianten vertreten wird, etwa in der von Marx und von Freud, gibt natürlich zu, daß auch in diesen letztlich unbegründeten Aberglaubensphantasien des unaufgeklärten Menschen viel richtiges Wissen über den Menschen enthalten sei, wie eben große Irrtümer oft auch Wahrheiten enthalten. Wir können also einfach fragen, ob es so etwas wie den Menschen betreffende gemeinsame Überzeugungen aller Religionen gibt, oder ob die Menschenkenntnis der Religion in deren Widersprüchen und Absurditäten auf der Strecke bleibt.

Religionen, soweit sie menschliche Gebilde zum Zwecke der Daseinserleichterung sind, verhalten sich wie Menschen, listig, pfiffig und manchmal frevelhaft. Sie kennen zum Beispiel großartige Spiele zur Entlastung eines in der ganzen Menschheit verbreiteten immerwährenden Schuldgefühls. Das in diesem Schuldgefühl vorausgesetzte Böse ist in vielen Religionen nicht etwas, das der Mensch zu verantworten hätte; vielmehr entspringt das Böse in der Gottheit selbst. Im Hinduismus ist die Welt durch einen rätselhaften Sündenfall Brahmas entstanden, und so ist *Existieren in der Wurzel schon falsch*. Im babylonischen Mythos entsteht der Mensch aus dem Blut eines mörderischen und zur Strafe getöteten Gottes. Der Sinn des Menschseins ist hier, das aus dem göttlichen Bereich ausgestoßene Böse gewissermaßen zu binden. Der Mensch ist die Giftgrube der Götter, die durch ihn frei vom Bösen werden. Religionen sind oft frevelhafte Verleumdungen des Göttlichen mit dem Ziel, der Gottheit alles Üble zuzuschieben. Sie sind unter anderem Gipfel von Verlogenheit, weil der Mensch ein Meister der Lüge ist, ein Schelm, der ihn entlastende metaphysische Hilfskonstruktionen erfindet.

Dennoch: Auch im frevelhaftesten Verfall halten alle Religionen eine Grundüberzeugung über den Menschen fest: Das Verhältnis des Menschen zum göttlichen Bereich ist von sich aus ein Verhältnis der Abhängigkeit, kein Verhältnis von gleich zu gleich. Den Göttern kann man nicht kameradschaftlich auf die Schulter klopfen.

Das Göttliche ist das Ehrfurchtgebietende. Diese Ehrfurcht ist freilich oft eine zwiespältige, sie beruht zum Teil auf Machtverhältnissen; das Göttliche ist das unendlich Starke, das immer an Kraft Überlegene. Aber es wird oft nicht als das Heilige, als das unendlich Gute gesehen. Auch die Götter freveln, sie haben ihre Schwächen, zum Beispiel sind sie leicht aufgeregt, so daß im alten Ägypten eine häufige Gebetsform der beruhigende Zuspruch ist, in dem der Beter sich dem Gotte wie einem Rasenden nähert, den er besänftigen will.

Weil Religion oft auf eine den Menschen schonende Weise vom Übel und vom Bösen Rechenschaft ablegen und es erklären will, gerät viel Übles in die Vorstellung vom Göttlichen hinein. Auf der anderen Seite ist in den meisten Religionen doch auch das Heilige, Vollkommene, unbedingt Verehrungswürdige im Göttlichen geborgen.

Eine alle Religionen verbindende Überzeugung sagt: Das Sichtbare und Anfaßbare ist eine Oberfläche, die Unsichtbares zugleich anzeigt wie verbirgt. Das Unsichtbare, das Verborgene aber ist für das Schicksal des Menschen auf Gedeih und Verderb, für Heil und Unheil von größter Wichtigkeit. Das Unsichtbare, das Geheimnis ist das Eigentliche. *Das Göttliche ist die Antwort.* Es ist des Rätsels Lösung. Es ist das, worauf der Mensch vor allem und in der Wurzel angewiesen ist.

Dieses Göttliche nun ist für den Menschen gleichzeitig eine Gefahr und eine Hoffnung. Ihm nahe kommen, kann zerstören oder beseligen und vollenden. Darum ist das Unsichtbare sowohl etwas, das man vergessen kann und gern vergißt, um sich Angst zu ersparen, aber auch die verborgene Mitte aller Wirklichkeit, um die das Rad des Lebens kreist und um die unsere gesammelte Aufmerksamkeit unablässig kreisen sollte. (Religio kommt wahrscheinlich von relegere: wieder und wieder lesen, bedenken, durchgehen.)

Diese Aussagen auf den Menschen gewendet bedeuten: Der Mensch ist einer, der ein absolutes Gegenüber oder ein absolutes Innen hat. Der Mensch wird er selbst durch Teilhabe an diesem; ohne diese Teilhabe ist er so wertlos wie ein Rahmen ohne Bild und ebenso unverständlich. Menschsein gibt nur Sinn, weil es das Göttliche gibt, das alle Wunden heilt, allen Mangel in Überfluß verwandelt, alles Befremdende des Daseins durchsichtig macht.

Manchmal erhebt sich der Mensch zu einer hohen Auffassung vom Heilszustand. Dies zeigt das folgende aus dem Mittleren Reich Ägyptens erhaltene Gespräch zwischen Atum, dem Hochgott, und Osiris als dem Vertreter der Toten:[4]

(Osiris:) »O Atum, was soll es, daß ich in eine Wüste hinziehen muß? Sie hat doch kein Wasser, sie hat doch keine Luft, sie ist sehr tief, völlig dunkel und grenzenlos« – (Atum:) »Du wirst dort in Sorgenlosigkeit und Frieden leben.« – (O.:) »Aber in ihr kann man keine Liebesfreuden finden.« – (A.:) »Ich habe Verklärtheit gegeben anstelle des Wassers, der Luft und der Lust, und Seligkeit anstelle von Brot und Bier.«

Auf mehreren thebanischen und Bersheh-Särgen steht die im Wortlaut ähnliche Inschrift:

»Ich habe Verklärtheit gesetzt anstelle von Geschlechtlichkeit, Herzensweite anstelle von Herzensbegierde, Herzensruhe anstelle von Brotessen.«

Hier ist mit großer Klarheit der Heilszustand als eine völlig verwandelte Daseinsweise beschrieben.

Teilhabe am Göttlichen fällt dem Menschen, so wie er ist, nicht einfach zu. Er ist noch zu retten, aber es gibt Bedingungen, ohne sie geht nichts. Entweder muß das Göttliche etwas für ihn tun, oder er muß etwas für den Gott tun, meist beides. Religion ist immer auch Beschreibung eines Heilsweges und Hinweis auf einen Heilsbringer oder eine heilsbringende Macht. Religion ist Hoffnung. Sie ist das, was das Fehlende, Wichtigste, das Heil, ins Leben einbringt; Gewinn einer ohne sie unerreichbaren Mitte.

Die vielfältigen Erscheinungen von Religion in Welt und Geschichte scheinen außer vielem anderem und schwierigem stets auch diesen einfachen Kern zu enthalten. Der Mensch ist einer, der vom Göttlichen gefährdet ist und der des Göttlichen bedarf, den das Göttliche etwas angeht. Alle Religionen scheinen den Menschen als einen zu betrachten, der von sich aus weder weiß noch herausfinden kann, wie Glück und Heil zu erlangen sind, und wie man mit der Gottheit umgeht. Als einen, dem selbst, wenn er es wüßte, die Kräfte fehlen; als einen, der selbst, wenn er sie hätte, zu schief liegt, um solche Kräfte anzuwenden. Religion betrachtet den Menschen als einen, der in keiner Weise okay ist, weil ihm in irgendeiner wichtigen Hinsicht etwas fehlt, weil er unwissend, schwach, ungut ist. Religionen erinnern uns an eine kostbare innere Möglichkeit des Menschen: Anbeten, Loben, Danken und Rühmen. Diese kostbarste ist auch die vergessenste.

Versuchen wir eine Zusammenfassung in drei Thesen.

1. Das Rätsel Mensch hat nur eine Lösung. Das Göttliche ist die Antwort, die Lösung des Rätsels; Teilhabe am Göttlichen ist der Sinn des Lebens.

2. Der Mensch ist ein leeres Gefäß, dessen Sinn im Erfülltwerden liegt. Das Göttliche ist das Beseligende, Beglückende und Erfüllende. Der Mensch ist durch und durch auf es angewiesen. Es steht und fällt mit der Teilhabe.

3. Der Mensch ist so, daß er Grund hat, das Göttliche zu fürchten. Es ist eine lodernde Flamme, die ihn verbrennen kann. Es gibt den »Zorn« des Gottes auf den Menschen, der durch

Schuld und Unwürdigkeit des Menschen verursacht wird; möglicherweise aber auch auf ein Böses in der Gottheit selbst zurückgeht. Man weiß nicht, womit man sich da einläßt. Keinesfalls ist der Mensch so beschaffen, daß er einen Rechtsanspruch auf die Anerkennung, auf das Wohlgefallen, auf die Huld des Gottes hat.

Immerhin ist der Mensch bei aller Nichtigkeit solchen Ranges, daß die Gottheit sich für ihn und sein Verhalten interessiert. Gebete, Opfer und Herzenssehnsucht werden vielleicht nicht immer erhört, aber doch gehört, sie erreichen das Göttliche.

Das Sinnen und Trachten des Menschen mag eine Tendenz der Abwendung und Entfernung von Gott haben. Der Weltprozeß mag als ganzer deifugal sein. Irgendwie aber ist der Mensch doch zu retten; sei es, daß er selbst sich aus dieser entfernenden Bewegung zurücknimmt, sei es, daß er von der Huld des Göttlichen eingeholt und ergriffen wird.[5]

Es scheint keine radikal pessimistische Religion zu geben, die die Gesamtgeschichte depressiv als hoffnungslose Unheilsgeschichte sieht. Das ist angesichts der tatsächlichen Weltverhältnisse sehr erstaunlich.

Das Göttliche ist das Herrliche; das Göttliche ist aber auch das Schreckliche. Die Last der Götter wird zähneknirschend getragen. Die Löschung des Göttlichen aus dem Bewußtsein, seine Vernichtung, hat großartige Vorteile: Der Mensch bleibt zwar abhängig von seinesgleichen, aber er wird unabhängig von einem höchsten Herrn. Die erschreckende Verantwortung vor ihm, die Notwendigkeit zur Anstrengung, die metaphysische Angst, das religiöse Schuldgefühl, die Bindung an göttliche Gesetze, alles das fällt weg. Der Mensch kann ohne das Minderwertigkeitsgefühl des Unvollkommenen, ohne religiöse Überforderung, ohne die Unruhe des Knechtes, der nie genug getan hat, ohne die Last einer verfehlten Vergangenheit, ohne Selbstüberwindung, ohne Abtötung, ohne sich bis aufs Blut erproben zu lassen, ohne Demütigung existieren. Er schuldet dem Gott keine Dankbarkeit und keine Rechenschaft. Es gibt letztlich keine Pflichten für ihn, die er nicht selbst anerkennt. Er darf alles, er soll nichts,[6] er ist das Maß aller Dinge. Er kann er selbst sein und er selbst bleiben, wie er sich und wie es ihm gefällt.

Wie kommt es zu jenen Daseinsdeutungen? Wie entstehen Religionen? Es gibt viele Religionstheorien, die Religion aus nicht Religiösem ableiten. Aus psychischen und soziologischen Mechanismen, Interessen, Kräften, aus politökonomischen Faktoren. Am plausibelsten unter ihnen scheint mir die Projektionstheorie, die annimmt, der Mensch habe die Neigung, sich den Gesamtkosmos so vorzustellen, wie er sich selbst erlebt: Als stoffliches Gebilde, das ein irgendwie den Stoff übersteigendes geistiges Prinzip enthält. Der Geist in ihm selbst verhält sich dann zum Leib und zur Welt ähnlich wie das Göttliche zum Kosmos.

Ich kann hier nicht einmal die wichtigsten Theorien der Religionsentstehung diskutieren. Statt dessen möchte ich vorschlagen, daß wir mit der Möglichkeit rechnen, Religionen seien tatsächlich so entstanden, wie sie es häufig selbst beschreiben: Einzelne Menschen hätten eine wirkliche unmittelbare Erfahrung des Göttlichen gehabt, eine Erleuchtung, eine Gottesbegegnung, und sie hätten diese mitgeteilt. Darüber hinaus können wir annehmen, Religion sei auch ohne jede besondere Offenbarung der ungefilterte Niederschlag jener Intuitionen der Menschheit, in denen diese vor aller Besinnung auf ihre Denkvorgänge die Oberfläche der Welt ständig nach Hinweisen auf Tieferes, Verborgenes, Geistiges abtastet. Aber nicht nur die Oberfläche der Weltdinge, sondern auch das eigene Wesen, die eigene Seele, den eigenen Geist und ihn als etwas über sich selbst Hinausweisendes, eben auf unendlichen Geist, auf göttlichen Geist Verweisendes interpretiert.

Religion sei also die Urphilosophie der Menschheit, inspiriert von Erfahrungen ihrer Mystiker und Propheten. Ihr gegenüber hätten Philosophie und Wissenschaft die kritische Pflicht, wuchernde Einschüsse der Phantasie und des Absurden auszuwaschen, ohne das Gold der Intuitionen und Erleuchtungen zu verschütten. Wenn das zutrifft, dürften wir sagen, in den Religionen stelle sich unter oft absurden Einzelgestaltungen doch im Ganzen eine intuitiv ahnende Selbsterkenntnis des Menschen als eines Heilsbedürftigen dar, der sich das, wessen er bedarf, nicht selbst verschaffen kann, eines Wesens, das hoffend auf einen göttlichen Heilsbringer und sein Kommen vertraut.[7]

131

In den Religionen hat der Mensch verstanden, daß er mit dem Lebensnotwendigen und dem Angenehmen nicht auskommt, daß er sich mit den Welttatsachen nicht begnügen kann und nicht begnügen soll. In den Religionen hat er meist auch begriffen, daß er selbst nicht Gott ist; wenngleich ihn, den Einzelnen und ganze Völker niemand hindern kann, auch aus diesem Aberglauben, diesem absurdesten aller Irrtümer, eine Religion zu machen.

Die Christenheit hat viel Zeit gebraucht, um zu der Einsicht zu gelangen, daß die heidnischen Religionen, wie alles Menschliche zwar auch Verleiblichung des Unheils, des Irrtums, des Bösen und des Verderblichen enthalten, daß dies aber nur ein Aspekt der Religion ist. In großen Mühsalen der Selbstklärung des Glaubens und der Theologie haben die Christen in diesem Jahrhundert begriffen, daß in allen Religionen nicht nur die Gebrechlichkeit des menschlichen Denkens und Phantasierens, Sinnens und Trachtens sich niederschlägt, sondern auch ein tiefes Innewerden des Menschen, der seine Endlichkeit entdeckt und eben darum auf die Unendlichkeit des Göttlichen hin überschreitet. Ein Innewerden des Menschen, der seine Schwäche und Gottesferne verspürt und aus der Tiefe nach dem göttlich Heilbringenden sich ausstreckt. In dieser hell-dunklen Weise des Geistes kennt die Religion den Menschen, ohne Lehrsätze über ihn formulieren zu können, ohne Wahrheit und Irrtum klar unterscheiden zu können, aber auch ohne ganz im Dunkel der Ahnungslosigkeit und der Gottesfinsternis zu versinken. Der westliche Mensch, der in Jahrtausenden gelernt hat, daß Nachdenken, Unterscheiden, Abgrenzen, Klären lebenswichtige Dinge sind, die zum menschlichen Geiste gehören, ist oft peinlich berührt von dem eigentümlichen Widerstand, den Asiaten dem Denken, der begrifflichen Rationalität in wesentlichen Fragen entgegenstellen. Er findet es unter der Würde des Menschen, wenn Hindus oft und gern meinen, alle Religionen hätten denselben Inhalt. Das Nivellieren tiefster geistiger Unterschiede ist für uns schwer erträglich. Für den Christen ist es auch unmöglich, vor Leben und Sterben Jesu Christi hinzutreten und zu sagen: daß dieser Mensch gelebt hat, gelehrt hat, gestorben ist und sogar für mich, das ist nicht so wichtig. Ich glaube aber, wir verfallen noch keineswegs einer Nivellierungssucht, wenn wir in

132

den Religionen jenes gemeinsame Element der Einsicht für überaus wichtig und Frieden stiftend ansehen, die Erinnerung daran, die durch die Jahrmillionen geht, daß es für den Menschen etwas zu beachten, zu verehren, ja anzubeten gibt, das wichtiger ist als alle Tatsachen. Wer zum Beispiel auf Bali die leuchtende Heiterkeit und Freundlichkeit der Menschen miterlebt, die in tagelangen Märschen ihre Opfergaben in den Haupttempel auf den Heiligen Berg tragen, der wird nicht auf die Idee kommen, die Einzelheiten der Religion dieser Menschen, ihres Glaubens und ihres Aberglaubens für bare Münze zu nehmen. Er wird auch kaum bezweifeln können, daß diese, wie die meisten Religionen dieser Erde vielleicht noch zu Lebzeiten der Jüngeren unter den Lesern ausgestorben sein mögen. Aber daß sie, jetzt da es sie noch gibt, eine wirkliche memoria Dei, ein Innewerden der göttlichen Wirklichkeit, des göttlichen Geheimnisses, eine Feier dieses Geheimnisses sind, daran wird er nur schwer zweifeln können. Die Kenntnis des Menschen, die die Religionen vermitteln, besteht darin, daß sie ihn an das Wichtigste erinnern, was es für ihn geben kann. Daß sie ihn mahnen, das Göttliche zu suchen, auf das Göttliche zu hoffen und nicht von ihm abzulassen. Der Mensch ist eine Lücke, ein Abgrund in ihm selbst, den nur der Unendliche, der Ewige füllen kann.

Solche Hoffnung wird in großen Weltteilen heute noch von den Religionen wachgehalten. Das mag morgen nicht mehr so sein. Solange aber in Sprache und Gedächtnis des Menschen die Vokabel Gott noch vorkommt, solange stellt eben diese Vokabel ihm eine Frage. Wenn sie vergessen wird, hat der Mensch auch sich selbst vergessen.[8]

Anmerkungen

Einleitung

Die folgenden Überlegungen stützen sich im wesentlichen auf die »Kronzeugen«, die ich ungefähr in der zeitlichen Reihenfolge anordne, in der ich auf sie gestoßen bin:

A. Brunner, Glaube und Erkenntnis, München 1951

K. Rahner, Schriften zur Theologie, Einsiedeln / Freiburg i. Br. 1954–1983

J. Pieper, Über den Glauben. Ein philosophischer Traktat, München 1962

B. J. F. Lonergan, Insight. A Study of Human Understanding, London 1961

J. H. Newman, Entwurf einer Zustimmungslehre; ausgewählte Werke (AW) VII, Mainz 1961

H. U. v. Balthasar, Wahrheit, Einsiedeln 1947

G. Muschalek, Glaubensgewißheit in Freiheit, Freiburg 1963

K. Jaspers, Psychologie der Weltanschauungen, Berlin 1971

J. de Vries, Grundfragen der Erkenntnis, München 1981

L. Kolakowski, Falls es keinen Gott gibt, München 1982

W. Pannenberg, Wissenschaftstheorie der Theologie, München 1982

J. Ratzinger, Einführung in das Christentum, München 1971, dtv

J. Ratzinger, Theologische Prinzipienlehre, München 1982

Viel benutzt habe ich die folgenden Lexika und Sammelbände:

K. Rahner, Rechenschaft des Glaubens, Hg. K. Lehmann u. A. Raffelt, Freiburg / Zürich 1982

K. Rahner, Praxis des Glaubens, Hg.

K. Rahner, H. Vorgrimler, Kleines Theologisches Wörterbuch (KTW), sowie: Herders Theologisches Taschenlexikon I–VIII (TTL), beide Herderbücherei, Freiburg i. Br., Ausführl. Literatur im TTL, VIII. Anhang

H. U. v. Balthasar, In der Fülle des Glaubens, Freiburg i. Br. 1983

W. Seidel, Hg., Glaubt ihr nicht, so bleibt ihr nicht, Würzburg 1983

C. S. Lewis, Gott auf der Anklagebank, Basel / Gießen 1982

Meine eigenen Vorarbeiten zum Thema sind am Ende des Buches im Quellennachweis aufgeführt. Dazu kommt: A. Görres / K. Rahner, Das Böse, Wege zu seiner Bewältigung in Psychotherapie und Christentum, Freiburg / Br. 1982

Für meine Unkenntnis der uferlosen neuesten Literatur zum Thema bitte ich um Verständnis. Ich hätte meinen Beruf wechseln müssen, wenn ich Vollständigkeit hätte erreichen wollen.

Auf die härteste und bewegendste Weise geht Fridolin Stier in seinen Tagebuchaufzeichnungen »Vielleicht ist irgendwo Tag«, Freiburg/Heidelberg 1981, die Fragen an. Diese Zeugnisse eines aufs äußerste angefochtenen Glaubens, der sich immer wieder vor dem Ertrinken retten muß, bestärken ungemein, wenn man sie aushält. Eine Probe gibt Anm. 35, S. 141.

Der vorliegende Aufsatz »Glaubensgewißheit in einer pluralistischen Welt« ist die Fortführung eines anderen: »Glaube und Unglaube in psychoanalytischer Sicht. Bemerkungen über Wahrscheinlichkeit und Unwahrscheinlichkeit des Christentums«. Er ist mit anderen Versuchen der inhaltlichen Glaubensbegründung enthalten in: »Kennt die Psychologie den Menschen?«, München 1978.

1 John Henry Newman, 1801–1890, war ein anglikanischer Theologe in Oxford, der 1845 katholisch wurde. Die Gründe hat er in seiner »Apologia pro vita sua« beschrieben. Er war Gründungsrektor der Universität Dublin, später Kardinal. Durch sein erkenntnistheoretisches Spätwerk (1870), vor allem über den Konvergenzbeweis, seine Psychologie und Logik, legte er neue Fundamente für die Wissenschaftstheorie der Geisteswissenschaften, der Psychologie und der Glaubensbegründung. (»Entwurf einer Zustimmungslehre«, Mainz 1961). Durch sein philosophisches und theologisches Gesamtwerk gewann er einen unvergleichlichen Einfluß auf die Theologie der Gegenwart und auf das Zweite Vatikanische Konzil (1962–65).

W. Wundt, 1832–1920, gründete das erste experimentalpsychologische Laboratorium, überschritt aber in seiner »Völkerpsychologie« die Grenzen der experimentellen Psychologie zur verstehenden.

W. Dilthey hat 1894 der Sache nach den Unterschied von erklärender und verstehender Psychologie deutlich gemacht.

W. James, 1842–1910, ist einer der Begründer der Religionspsychologie.

M. Blondel, 1861–1949, »hat wie kein anderer die wechselseitige Durchdringung von Religion und Philosophie auf der Ebene der Geschichte und der menschlichen Freiheit dargelegt, ein bahnbrechender Religionsphilosoph unserer Zeit« (R. Scherer).

K. Jaspers ist ein »Klassiker« der verstehenden Methode in Psychiatrie, Psychologie und Philosophie (z. B. der Weltanschauung und des Glaubens).
M. Weber hat die Bedeutung der verstehenden Soziologie in der Religionswissenschaft exemplarisch gezeigt. In Deutschland hat wohl zwischen den beiden Weltkriegen bis in die sechziger Jahre hinein Romano Guardini auf das katholische Glaubensverständnis den größten Einfluß gehabt. Ihm verdanken wir auch die tiefste Begründung für die Wirkung Sigmund Freuds auf das Christentum; vgl. »Philosophische Anmerkungen zu Sigmund Freuds Psychologie«, in: Münchener Universitätsreden, Neue Folge Heft 19, Gedenkfeier zur hundertsten Wiederkehr seines Geburtstages, München 1956.

2 Diese Glaubensgeschichte habe ich viel einfacher erzählt in dem Buch von W. Jens: Warum ich ein Christ bin, dtv-Taschenbuch, München 1982.

Die Frage nach der Glaubensgewißheit in der pluralistischen Welt hängt nicht nur mit dem Unbehagen des jungen Außenseiters in seiner Rolle zusammen, sondern unter anderem auch mit den erfolgreichen Anstrengungen meiner Lehranalytiker, mir am Beispiel dieser Glaubensgewißheit die narzißtische

Überheblichkeit, den Unbefehlbarkeitskomplex des christlichen, insbesondere katholischen Triumphalismus zu demonstrieren. Da solche Gewißheit mit Rechthaberei und anderen Charakterfehlern die kuriosesten Mischungen eingeht, konnte das kaum mißlingen.

Glaubensgewißheit in einer pluralistischen Welt

1 J. Hieber, »Zeit« Nr. 15, 8. 4. 83 in einem Aufsatz über E. M. Cioran, »Nein zum Leben«.

2 B. Russell, Warum ich kein Christ bin, Reinbek 1968

3 E. Husserl, 1859–1938, angeregt durch Franz von Brentano, der zeitweise uch Freuds Lehrer war, beide Begründer der sogenannten phänomenologischen Methode; Husserl glaubte, als erster eine wahrhaft wissenschaftliche Philosophie entwickelt zu haben: Vgl. Philosophie als strenge Wissenschaft, Frankfurt / M. 1965
L. Wittgenstein, 1889–1951, schreibt im »Tractatus logico-philosophicus« (1921): »Dagegen scheint mir die Wahrheit der hier mitgeteilten Gedanken unantastbar und definitiv. Ich bin also der Meinung, die Probleme im wesentlichen gelöst zu haben.« (Vorwort)

4 Vgl. Metaphysik, Skepsis, Wissenschaft, Stuttgart 1969

5 J. D. Frank, Die Heiler. Wirkungsweisen psychotherapeutischer Beeinflussung, Stuttgart 1983, S. 427

6 Vgl. Anm. 1

7 Die Bemerkung stammt von H. Thielicke.

8 K. H. Weger, Vom Elend des Kritischen Rationalismus, S. 11

9 K. Rahner u. a., Kl. Theol. Wörterbuch

10 Beispiele sind einige der Antworten auf die Enquête der Internationalen Zeitschrift ›Diakonia‹ über Glauben und Glaubensinhalte der Befragten. Eine Psychotherapeutin aus Luzern, U. Buhofer, schreibt in ihrer bewegenden Rechenschaft: »Wer dieser Jesus war, ob er Gottes Sohn war, der auf die Welt kam, uns zu erlösen, oder ob er ein Mensch war, der in der Liebe so eins war mit Gott und damit auch mit den Menschen, *ist für mich nicht wesentlich.* Er ist mir gegenwärtig im Weg ins Sterben und in die Auferstehung hinein.«
Hier ist die Frage berechtigt, die Georg Muschalek in seinem Buch »Glaubensgewißheit in Freiheit« stellt: »Wie könnte es unerheblich sein, was ich von Jesus Christus weiß und sage, da es doch gerade für das Heil der Welt entscheidend wurde, daß Gott in der geschichtlichen Eindeutigkeit Jesu von Nazareth anwesend werden wollte.« (65) Wir können nicht darüber verfügen, was Jesus für wichtig und wesentlich halten soll, wenn er über sich selbst spricht. Ein von uns redigiertes, von uns in Rangstufen aufgeteiltes Evangelium ist eine Botschaft von unseren, nicht mehr von Gottes Gnaden.
Im übrigen sind unter den Antworten auf die Enquête ganz schlichte und tiefe Rechenschaften über den Glauben. Diakonia XIV, H. 3, Mai 1983

11 Manesse Bücherei, Zürich

12 s. Anm. 10

13 Les evêques de France, Pierres Vivantes, o. J.

14 In: Meditation, I, 1983, Säckingen (Ztschr.)

15 Tractatus, Vorwort

16 »Wir sind nicht nur von dieser Welt: Naturwissenschaft, Religion und die Zukunft des Menschen«, Hamburg 1981, S. 249 f. Das Buch stellt mit guten Gründen eine Vereinbarkeit von Religion und Naturwissenschaft heraus. Kurios ist dabei, daß Ditfurth als Christentum nur einen Kulturprotestantismus gelten läßt. Ein Christentum, das die Evangelien auch weitgehend als Tatsachenberichte nimmt, also ein lutherisches oder katholisches, scheint für ihn überhaupt nicht mehr zu existieren, obwohl diesem doch zahlreiche Naturwissenschaftler zustimmen. Trotzdem ist seine Grundthese, freilich mit einer etwas anderen Begründung, auch für »altmodische« Gläubige annehmbar. Sie entspricht im Prinzip dem, was Newman 1853 in einer Universitätsrede über »Christentum und Naturwissenschaft« gesagt hat. Vgl. auch K. Rahner, Naturwissenschaft und vernünftiger Glaube, Schr. Th. XV, 1983

17 Vom Wesen der Universität, A. W. V.

18 Grauenhafte Beispiele bei R. Knox, Christliches Schwärmertum, (Enthusiasm), Köln 1957; groteske Beispiele bei J. A. Möhler, Symbolik oder Darstellung der dogmatischen Gegensätze der Katholiken und Protestanten, Köln 1958

19 J. Bochenski, Wege zum philosophischen Denken, Herderbücherei 62, Freiburg 1959

20 Anna Freud hat, ohne es zu bemerken, mit der kurzen Deutung einer kleinen Krankengeschichte die Religionstheorie des großen Vaters auf den Kopf gestellt, indem sie zeigte, wie Unglaube und Atheismus Ergebnis des Wunschdenkens sein können. Vgl. A. Görres, Kennt die Psychologie den Menschen? S. 117

21 Vgl. K. Rahner, Praxis, S. 71–74

22 Das Glaubensbekenntnis, Hamburg 1972

23 G. W. XIV, S. 346 ff. Freud hat später zu René Laforgue gesagt: »Ein schlechtes Buch, kein Buch von Freud.« Ich kann ihm in diesem negativen Urteil nicht ganz folgen. Zwar hat Freud die Frage nach den Glaubensgründen so oberflächlich und ahnungslos behandelt, wie manche Psychiater zu seiner Zeit von der Psychoanalyse geredet haben. Dies hat ihm schon sein loyalster Freund und Schüler, Oskar Pfister, in einer Entgegnung, »Die Illusion einer Zukunft« nachgewiesen. Dennoch sind die wenigen Seiten, denen das Zitat entnommen ist, eine klassische Fassung der Gründe zum Unglauben, die auch heute noch von vielen als gewichtig angesehen werden. Außerdem enthält Freuds Analyse des Konstanz-Exempels ein schönes Beispiel des 1870 von Newman systematisch entwickelten »Konvergenzbeweises«. Vgl. R. Laforgue, Ein Bild von Freud, Ztschr. f. Psychotherapie u. Med. Psychologie, 4. Jg. 1954, H. 5, S. 214

24 Vgl. Ingrid Weber-Gast, Weil Du nicht geflohen bist vor meiner Angst, Mainz 1980; G. Hole, Der Glaube der Depressiven. Beide zeigen, daß es auch das Gegenteil gibt, wie immer in der Psychologie.

25 Zustimmungslehre 164–67
26 J. de Vries, Grundfragen, S. 175; Denzinger, Enchiridion symbolorum, Ed. 32, Nr. 2121 (in älteren Auflagen 1171)
27 Der Schein trügt – das wäre ein Mißverständnis der Meinung des Autors
28 Der letzte Satz fehlt in den meisten Handschriften. Am Beispielwert der Geschichte für die Entstehung des Glaubens ändert das nichts.
29 De Vries 176, ferner 169: »Auch die feste Zustimmung zu einer bestimmten Antwort ergibt sich in den Fällen, in denen eine längere Untersuchung der Gründe und Gegengründe notwendig ist, zumeist nicht von selbst. Die Klarheit ist hier nicht so überwältigend, daß nicht ein Ausweichen auf eine wirklich oder angeblich notwendige erneute Nachprüfung möglich wäre. Man denke etwa an die Gottesbeweise oder an die Begründungen, die in der Fundamentaltheologie für die Tatsache der göttlichen Offenbarung gegeben werden.«
30 Diesen Schluß scheint auch ausdrücklich das Zweite Vatikanische Konzil zu ziehen. Vgl. Herder Theologisches Taschenlexikon, Bd. 6 »Religionstheologie«, S. 272.
31 Eine theologische Theorie des Kardinals Billot vermutet, daß sehr viele Menschen jene Mündigkeit, die zum eigentlichen Glauben notwendig ist, erst in einem recht fortgeschrittenen Alter nach reifender Lebenserfahrung erreichen.
32 Das Newman-Zitat, vor Jahrzehnten notiert, konnte ich im Newman-Lexikon nicht auffinden.
33 Lonergan, Insight, S. 703 ff.
34 Vgl. S. .75 ff.
Der skeptische Leser dieses letzten Satzes kann an sich selbst konstatieren, daß wir alle in bestimmten Punkten von ungeprüften, kaum überwindlichen Vorurteilen gefesselt sind. Von tausend Menschen, die in fester Überzeugung gewiß sind, daß man Wunder weder in Betracht ziehen könne noch dürfe, hat doch wohl nur eine ganz geringe Zahl diese Frage unbefangen und sachgemäß geprüft. Denn welche evidente Begründung könnte es geben, daß der Allmächtige nicht auf den Zeilen der Naturgesetze ungewöhnliche Zeichen schreiben könnte und welche Evidenz, daß er es niemals getan hat?
35 Ich habe dabei nicht vergessen, was Fridolin Stier schreibt: »Dem Glaubenden bereitet der Vaterglaube unsägliche Beschwer – gib's auf, es begreifen zu wollen! Oder: Laß den Vatergott fahren und halt es mit Mark Aurel: Leugne das Leiden, denke es um, bagtellisier' und ertrag es! Oder: Bastle dir eine Theodizee, vielleicht kommst du mit der theologischen Notlüge zurecht! Oder – sei ein Christ, vielleicht schaffst du es, dein unheilbares, dich langsam zu Tode quälendes Karzinom in das Streicheln der »väterlichen« Hand zu verwandeln.« (S. 282)
36 Glaubenssicherheit heißt nicht, keinen Zweifelsgedanken denken zu können oder jeden Zweifel von vornherein als unbeachtlich zu verwerfen. Sie ist vielmehr u. a. die Fähigkeit und Entschlossenheit, eine kostbare Einsicht mit aller Kraft festzuhalten. Man nennt so etwas heute gern »Immunisierungsstrategien«. Warum nicht – Lebewesen sind durch Infektionen gefährdet.

Solche Gefährdung durch Immunisierung zu vermindern, ist für jeden ratsam, der weiß, daß es keine eiserne Gesundheit gibt.

37 Wie dieses Festhalten unter unsäglichen Mühen aussieht, wird auf erschütternde Weise deutlich in dem Tagebuch von Fridolin Stier, Vielleicht ist irgendwo Tag, Freiburg i. Br. 1974. Es ist das menschlich bewegendste Buch eines Theologen, das mir in vielen Jahren begegnet ist. Eine moderne Hiob-Geschichte. Der Kampf geht darum, aus dem dunklen Gott keinen bösen Gott werden zu lassen.

38 Natürlich kann sich diese Gewißheit nicht auf jede Einzelheit beziehen, da bei nicht wenigen Aussagen der Evangelien der Sinn nicht ohne weiteres zu fassen ist. Ich meine Erfahrungen, wie die von Carl Friedrich von Weizsäcker beschriebene, der mit zwölf Jahren die Bergpredigt las und von der Gewißheit gleichsam überfallen wurde: Das ist die Wahrheit. (»Selbstdarstellung«) Allerdings gibt es auch eine verbreitete Neigung, Jesus gut zu finden oder gar fast so zu verehren wie den Albert Schweizer, die sich sorgfältig hütet, ihn auch ernstnehmen zu müssen und ihn wirklich zu verstehen. Wer Jesus nicht nur mit dem anerkennenden Blick streifen will, kann sich nicht damit begnügen, das eine oder andere seiner Worte zu hören; obwohl auch das ein guter und sehr guter Anfang sein kann, wenn etwas auf ihn folgt.

39 Der Gedanke ist ausgeführt in A. Görres, Glauben – wie geht das? in: W. Jens, Warum ich ein Christ bin, dtv

Diese Stimmigkeit des Ganzen schließt natürlich nicht aus, daß in vielen Einzelheiten noch Schwierigkeiten und Unklarheiten zurückbleiben, von denen man viele getrost auf sich beruhen lassen darf. Verarbeitet werden müssen nur die, welche das Ganze und Wesentliche in Frage stellen. Ich muß z. B. nicht die theologischen Probleme der Kindertaufe durchschauen, um vertrauend auf die Übung praktisch der ganzen Christenheit meine Kinder taufen zu lassen. Aber ich tue auch nichts Unrechtes, wenn ich aus Gewissensbedenken die Taufe aufschiebe, bis die Kinder sie selbst wünschen. Oder, wenn ich mich für die Theologie vom »Ablaß« nicht interessiere, ist es auch recht, wie sogar Paul VI. einräumt.

40 Der zu Anfang zitierte Edmund Gosse stützt sich auf einen Satz eines anglikanischen Erzbischofs, der schon im 17. Jahrhundert den in allen Zeiten und Orten festgehaltenen Glauben der Christenheit zusammenfaßt: »Der natürliche Mensch kann über diese Dinge reden, und zwar sehr gescheit, und ihnen auch eine Art natürlichen Glauben schenken wie einer Geschichte, die wahr sein mag; aber fest an die göttliche Wahrheit all dieser Dinge zu glauben und stärker davon überzeugt zu sein als von dem, was wir mit den Augen sehen, solche eine Zustimmung zeigt das besondere Wirken des Geistes Gottes und ist gewiß erlösender Glaube.« (Robert Leighton [1611–1684], Erzbischof von Glasgow).

Die Theologie spricht von der »Illuminatio intellectus«, die Mystik (Heinrich Seuse) vom »einschwebenden Licht«.

41 »Gnoseologische Konkupiszenz« nennt K. Rahner die unüberblickbare Strömungsrichtung des Erkennens mit ihrer unvermeidlichen Vorurteilsverzerrung, die allen einzelnen Erkenntnisakten vorgegeben ist. Unerleuchtete

Frömmigkeit in der Erziehung scheint wie wenige andere Hindernisse den Zugang zum Glauben zu verschließen. Christentum kommt dann von vornherein gar nicht mehr in Frage. Vgl. Anm. 49

42 A. W. V, 123. Dennoch gibt es bei Newman eine energische Kritik an einzelnen Lehren des Aristoteles. »Wie Aristoteles« meint wohl den sachgreifenden Denkstil mehr als seine Ergebnisse.

43 Charles de Foucauld war ein reicher französischer Kavallerieoffizier, der nach abenteuerlichen und wüsten Jahren ein neues Leben als Mönch begann und schließlich als einsam in der Sahara lebender Freund und Berater der Eingeborenen während des Ersten Weltkrieges von einem raubenden Tuareg ermordet wurde.

44 H. Albert, Das Elend der Theologie, Hamburg 1979
Eine Kritik, die es sich zu leicht macht, indem sie sich im wesentlichen auf H. Küng beschränkt und in der philosophischen Analyse »stärkere« Autoren übergeht.
Vgl. K. H. Weger, Das Elend des kritischen Rationalismus, Regensburg 1981

45 Es hat ja kein Engel ein zwischen zwei Deckel gebundenes Buch vom Himmel gebracht und gesagt: Dies ist die Heilige Schrift. Nimm und lies! Noch steht so etwas in diesem Buche selbst geschrieben. Welche der vielen Schriften aus biblischer und apostolischer Zeit als Gottes Wort angenommen werden sollten und welche nicht, wissen wir nur aus der Überlieferung von Juden und Christen, die den Kanon der Schrift von nichtauthentischen Schriften unterschieden haben. Die Verfasser der Heiligen Schrift sind die Sprecher der »Kirche« des Alten und Neuen Testamentes, die das tragende Fundament der Schrift ist, bevor sie wieder von ihr getragen wird.

46 Für mich sind sie am einfachsten und klarsten in den Predigten Newmans vor seiner Dorfgemeinde und in der konfessionsvergleichenden Untersuchung Johann Adam Möhlers, der »Symbolik« zu finden. Übrigens kann jeder auf bequeme Weise die wichtigsten Informationen den einschlägigen Stichworten (z. B. Gewißheit, Zweifel, Glauben, Kirche) in dem Taschenbuch »Kleines theologisches Wörterbuch« von Karl Rahner und Herbert Vorgrimler finden.

47 Kl. Theol. Wörterbuch, Art. »Glaube«

48 Niemand bezweifelt, daß die Gesellschaft der Freunde des Jesus Christus größer ist als jede einzelne Kirche. Wer keine Möglichkeit hat, Kirche als legitime Vertreterin zu erkennen, ist darum nicht ohne Weisung sich selbst überlassen, wenn er Hilfe sucht.

49 Hier war kaum von der Kritik an der Kirche und der notwendigen Erneuerung die Rede, die ich nicht in ihrer Dringlichkeit verkennen möchte.
Allerdings fällt mir an der Kirche viel stärker in die Augen, was ich an ihr habe und wie viel mehr Hilfen als Hindernisse sie mir bietet, Jesus zu verstehen und Ihm nachzufolgen. So verbraucht sich mein reformatorischer Eifer eher an der eigenen Person, einem Faß ohne Boden. Kritik und Reform der Kirche überlasse ich lieber allen, die eine klare Berufung dazu fühlen oder haben und vielleicht auch an sich selbst nicht so viel zu reformieren finden. Übrigens habe ich mein Soll an Kritik reichlich erfüllt.

Vgl. Pathologie des katholischen Christentums, in: F. X. Arnold, K. Rahner u. a., Handbuch der Pastoraltheologie II/1, Freiburg i. Br.² 1971, und: Verdirbt das Christentum den Charakter? In: Kennt die Psychologie den Menschen?

Wunderbericht und Wunderglaube

1 C. S. Lewis, Wunder, eine vorbereitende Untersuchung, Würzburg
  K. Rahner, IV 275–311, V 518–526
  Dokumente der Paulusgesellschaft, V, Wunder und Wissenschaft. Ein Gespräch zwischen Naturwissenschaft und Theologie, München 1963
  R. Pesch, Jesu ureigene Taten? Freiburg i. Br. 1970
  R. Bultmann, Zur Frage des Wunders, GV I 214–228
  Dokumentationen bei I. F. Görres-Coudenhove, Das Senfkorn. Eine Studie über Theres von Lisieux, Freiburg, S. 1–33, und:
  W. Schamoni, Parallelen zum Neuen Testament, Abendsberg 1971

Versteht die Kirche die Sexualität?

1 Zitiert nach A. K. Ruf, Sexualität und Ehegemeinschaft.
  In: »Die neue Ordnung«, Jg. 22, Heft 4/68, S. 249.
2 Herder Taschenbuch, Nr. 49.
3 Vgl. A. Görres (Hrsg.), Ehe in Gewissensfreiheit. Mainz 1969.
4 S. H. Pfürtner, Kirche und Sexualität. rororo-TB, Nr. 8039, Reinbek 1972.
5 124. Jahr, Heft 2, 1976, S. 115–126.
6 München 1964.
7 Gesammelte Werke, X, 198.
8 Vgl. K. Rahner, Glaubensbegründung heute. Schriften zur Theologie, 12. Bd., S. 17 ff. Einsiedeln 1975.
Zum neuesten Problemstand nach der Enzyklika »Familiaris Consortio« von Papst Johannes Paul II. (22. 11. 1981) vgl. Albert van Gansewinkel, Die ethischen Begründungen in »Familiaris Consortio«, In: »Anzeiger für die Seelsorge«, Freiburg, März/April 1983, sowie
den Artikel »Sexualmoral« von J. Gründel, in: Herders Theologisches Taschen-Lexikon, Freiburg, 1973, Herder-Bücherei.

Kennt die Religion den Menschen?

1 Die wissenschaftlichen Gewährsmänner dieser unwissenschaftlichen Arbeit sind vor allem August Brunner, »Die Religion«, Freiburg 1956, ferner A. E. Jensen, »Mythos und Kult bei Naturvölkern«, Wiesbaden, 1951, Rudolf Otto, »Das Heilige«, H. Schrade »Der verborgene Gott«, Stuttgart 1949; Karl Rahner, »Hörer des Wortes«, München 1969 sowie »Grundkurs des Glaubens«, Freiburg 1978; Bernhard Welte, »Religionsphilosophie«, Freiburg 1978. K. H. Weger (Hg.) Religionskritik von der Aufklärung bis zur Gegenwart; Herderbücherei 716, Freiburg 1979.
  Das Buch von Brunner war für mich das wichtigste. Die Eigenart dieses Autors, die von ihm phänomenologisch beschriebenen Befunde sogleich philo-

sophisch zu interpretieren, hat mir sein Werk besonders wertvoll gemacht. Brunners Anthropologie, die in seinen zahlreichen Aufsätzen und Büchern entwickelt ist, bietet wegen dieser Eigenart seiner Methode für den Psychotherapeuten ein Bezugssystem, das wie kaum ein anderes zu Ordnung und Interpretation der eigenen Befunde und Theorien geeignet ist.

2 K. Rahner, »Grundkurs«, passim.

3 Nach einem Vortrag in der Katholischen Akademie in München von J. B. Lotz. Vergleiche auch B. Welte, »Das Licht des Nichts«, Düsseldorf 1980.

4 Zitiert nach Brunner, »Die Religion«.

5 Buddhismus wäre dann ein Ungeschehenmachen, »Nichten« des bösen Werdeprozesses.
   Die Auffassungen des Buddhismus sind in der Literatur so verschieden und teilweise widersprüchlich, daß ich hier nur auf die eine oder andere hinweisen kann. Vgl. Georg Siegmund, Buddhismus und Christentum, 1968

6 Viele, wenn nicht alle modernen Psychotherapieformen enthalten triumphalistische Spitzen gegen die Lebenslehre der antiken und christlichen Tradition, der sie außerordentlich forsche Maximen entgegensetzen. Diese sind selten zu Ende gedacht. Ein Beispiel für viele das kleine Büchlein von J. Simkin, »Gestalttherapie«, in dem der Übersetzer mehr als der Verfasser die Kategorie des »Sollens« für alles Böse in der Welt verantwortlich macht, um von ihrer Abschaffung viel Heil zu erwarten. Ähnliche Elemente einer Antitheologie finden sich von der Psychoanalyse bis zur Primärtherapie Janovs in reichem Maße und im Verein mit geradezu unerlaubter Torheit. Sie sind oft so frappierend und provozierend formuliert, daß sie dem kleinen Rebellen in uns allen außerordentlich schmeicheln. Übrigens haben sie oft als dialektischer Gegenschlag gegen Übertreibung einen guten Sinn.

7 Nach einer bisher nicht veröffentlichten Vorlesung Karl Rahners über den Heilsbringer. Gehalten in München 1966.

8 K. Rahner, Über die Heilsbedeutung nichtchristlicher Religionen, S. Th. XIII, 1978, war mir bei der Niederschrift dieses Aufsatzes leider noch nicht bekannt.

Quellennachweis

Glaubensgewißheit in einer pluralistischen Welt. In: Internationale Katholische Zeitschrift, Communio 2 u. 4/83

Wunderbericht und Wunderglaube. In: A. Görres, An den Grenzen der Psychoanalyse, München 1968, Kösel

Religion kennt das beschädigte Leben; unser Partner, der behinderte Mensch. In: Silvia Görres, Leben mit einem behinderten Kind, Zürich 1974, Benziger-Flamberg.

Versteht die Kirche die Sexualität? In: Internationale Katholische Zeitschrift, Communio 4/76

Kennt die Religion den Menschen? In: Kennen Wissenschaften den Menschen? Rabanus-Maurus-Akademie, Hg. Vorw. G. Gebhardt, Josef Knecht, 1980, und in: Internat. Katho. Zeitschr., Communio 1/1981

Albert Görres

im Kösel-Verlag, München

An den Grenzen der Psychoanalyse
247 Seiten. Leinen

In diesem Buch befaßt sich der Psychoanalytiker
mit den Gegensätzlichkeiten und Übereinstimmungen
zwischen Anthropologie, Seelsorge, Theologie und
religiösen Lebensäußerungen einerseits und der
Psychoanalyse – geprägt von Freud – andererseits.
Er legt nicht nur dar, was die eine Wissenschaft über
die andere denkt, sondern dahinter werden Einwände
gegen die Psychotherapie geklärt und entkräftet.
So ist dieses Buch eine Hilfe für jeden, der bisweilen
aufgerufen ist, in psychische Prozesse einzugreifen,
und sein Tun vor sich und anderen kritisch über-
prüfen muß und will.

Methode und Erfahrungen der Psychoanalyse
303 Seiten. Leinen

„Jeder, der sich über den Kern einer heute noch
vertretbaren psychoanalytischen Therapie in ihrer
ursprünglichen Form informieren will, wird großen
Gewinn aus dem klar und niveauvoll geschriebenen
Buch ziehen. Aber auch dem Erfahrenen gibt es
Anregungen und selbst der in der Psychoanalyse
stehende Patient vermag Förderungen seiner Einsichten in die eigene Struktur zu erfahren."
Hessisches Ärzteblatt

Bücher zum Thema

Albert Görres
Kennt die Psychologie den Menschen?
Fragen zwischen Psychotherapie, Anthropologie und Christentum
2., überarb. Aufl., 12. Tsd. 1986. 269 Seiten. Serie Piper 490

Die Achse in den Fragestellungen dieses Buches ist die Suche nach Ansatzpunkten
und Zielen der Veränderung im Menschen, der sich ändern will, weil er sich oft als
neurotisch, egoistisch, einsam und sinnlos vorfindet; der sich ändern will, weil
er leidet. Görres fragt und prüft, ob die Psychologie dem Menschen dabei eine Hilfe
sein kann.

»Die in diesem Buch gesammelten ›Probebohrungen einer integrativen und
existentiellen Psychologie‹ erinnern in ihrer sprachlichen und gedanklichen Brillanz
an die großen Essays der Väter der Psychoanalyse.«   Stimmen der Zeit

Karl-Josef Kuschel
Weil wir uns auf dieser Erde nicht ganz zu Hause fühlen
12 Schriftsteller über Religion und Literatur
In Zusammenarbeit mit Hartmut Meesmann.
3. Aufl., 14. Tsd. 1986. 190 Seiten. Serie Piper 414

Zwölf bekannte Schriftsteller äußern sich in Gesprächen, die der Tübinger Theologe
und Literaturwissenschaftler Karl-Josef Kuschel mit ihnen geführt hat, zu aktuellen
religiösen Problemen. Woran kann man glauben? Worin besteht der Sinn des Lebens?
Wie gelingt es, die Botschaft Jesu in zeitgemäßer Form zu vermitteln und –
weit mehr noch – nach ihr zu leben? Was ist die Aufgabe des Schriftstellers in einer
zunehmend inhumanen Welt? Als Partner des Dialogs kommen zu Wort:
Luise Rinser, Kurt Marti, Martin Walser, Ingeborg Drewitz, Adolf Muschg,
Peter Härtling, Barbara Frischmuth, Heinrich Böll, Walter Jens, Karin Struck,
Wolfdietrich Schnurre und Stefan Heym.

PIPER